HECHOS DECISIVOS DE LA HISTORIA

C/ Puerto de Navacerrada, 88
28935 Móstoles. Madrid
Tel. (34) 91 657 25 80
e-mail: libsa@libsa.es
www.libsa.es

ISBN: 978-84-662-4197-7

Textos: Alberto Jiménez García
Ilustración: Shutterstock images y GettyStock / Archivo Libsa
y equipo editorial LIBSA
Edición: equipo editorial LIBSA
Maquetación: Alberto Jiménez García
Diseño de cubierta: equipo de diseño LIBSA

DL: M 20283-2022

Créditos fotográficos:
iku4/Shutterstock.com: pág. 27 (arriba)
molaycartoon/Shutterstock.com: pág. 30 (ariba)
Naci Yavuz/Shutterstock.com: pág. 34 (abajo)
Katrin Belykh/Shutterstock.com.: pág. 35 (abajo)
Naci Yazuz /Shutterstock.com: 37 (derecha)
Edvas/Shutterstock.com: pág. 39 (abajo)
roseed abbas/Shutterstock.com: pág. 53 (abajo derecha)

HECHOS DECISIVOS DE LA HISTORIA

ALBERTO JIMÉNEZ GARCÍA

LIBSA

CONTENIDO

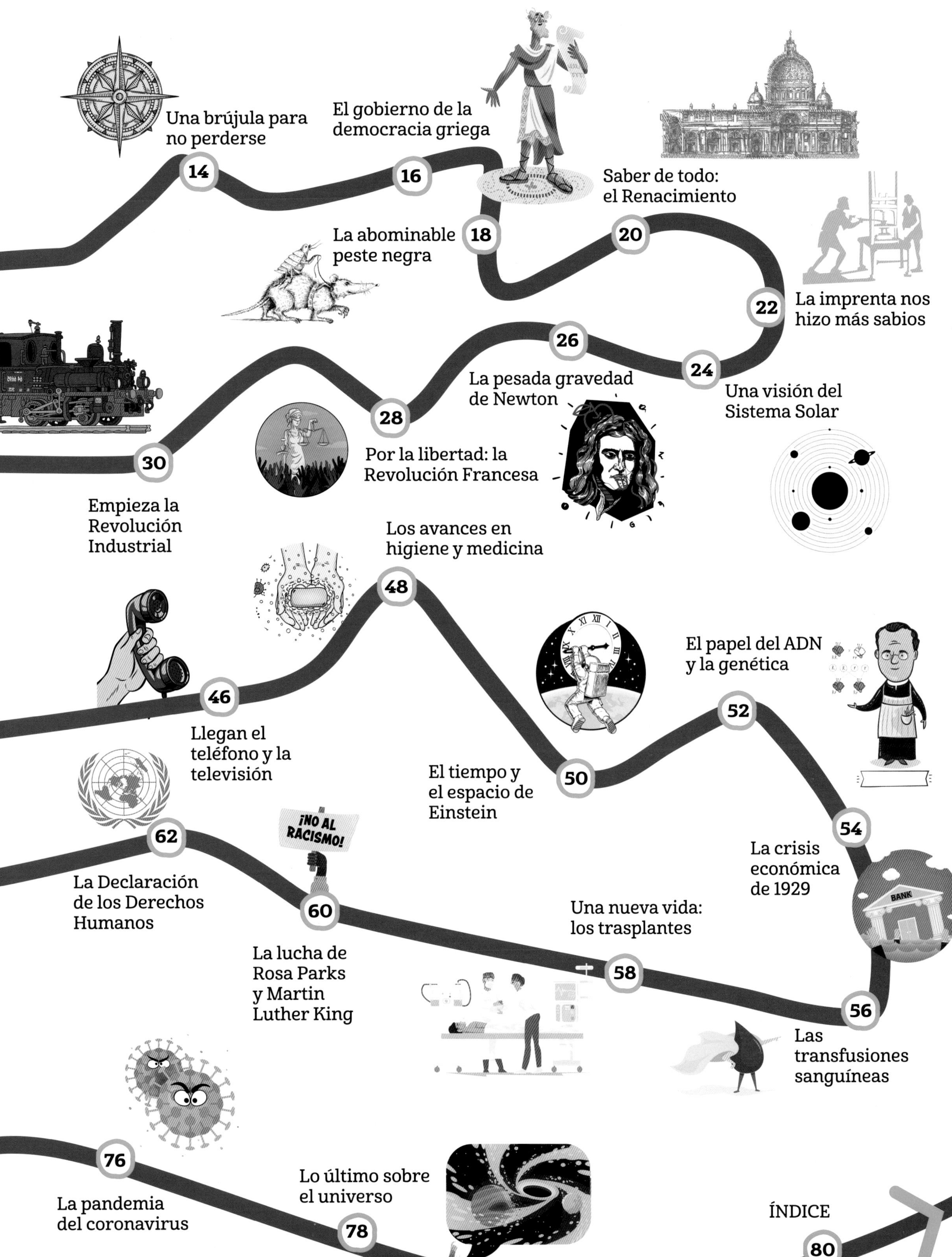
Una brújula para no perderse 14
El gobierno de la democracia griega 16
La abominable peste negra 18
Saber de todo: el Renacimiento 20
La imprenta nos hizo más sabios 22
Una visión del Sistema Solar 24
La pesada gravedad de Newton 26
Por la libertad: la Revolución Francesa 28
Empieza la Revolución Industrial 30
Llegan el teléfono y la televisión 46
Los avances en higiene y medicina 48
El tiempo y el espacio de Einstein 50
El papel del ADN y la genética 52
La crisis económica de 1929 54
Las transfusiones sanguíneas 56
Una nueva vida: los trasplantes 58
La lucha de Rosa Parks y Martin Luther King 60
¡NO AL RACISMO!
La Declaración de los Derechos Humanos 62
BANK
La pandemia del coronavirus 76
Lo último sobre el universo 78
ÍNDICE 80

INTRODUCCIÓN

Estimado lector.

Dicen que la historia avanza de manera **lineal e inevitable**. Pero, si ponemos la lupa sobre la línea imaginaria que nos lleva desde el pasado hasta el presente, veremos que no es así. ¿Te lo demostramos? ¿Tienes una lupa y cientos de libros de historia a mano? Si la respuesta es «no», tranquilidad. Has llegado al lugar adecuado, a este libro. Hemos hecho ese trabajo por ti. Aquí sabemos que la línea que traza la historia no es siempre continua, sino que **da saltos** -a veces pequeños, a veces grandes- e incluso, en ocasiones, puede retroceder. ¡No demos por hecho que avanzamos tan solo porque pasa el tiempo!

No hay progreso -salvo excepciones- sin **esfuerzo**. Y los humanos tendremos nuestros defectos pero, no seamos humildes, sacamos buena nota a la hora de **estrujarnos el cerebro**. Se podía intuir desde tiempos muy, muy remotos, cuando el *homo sapiens* llevaba poco tiempo -relativamente- dominando la faz de la Tierra. Se piensa que el descubrimiento del **fuego y de la rueda** fueron dos sucesos decisivos a la hora de que se creasen y estabilizasen diferentes civilizaciones. Unos «inventos» que surgieron poco a poco por el planeta, entonces mucho menos poblado e interconectado que ahora. ¿Cuándo sucedieron? Nadie lo sabe con exactitud, ya que, entre otras cosas, ni siquiera había **escritura** para dar fe de ello.

La invención de la escritura, por tanto, supone todo un hecho decisivo en la historia de la humanidad, ya que desde entonces existe la **Historia** como tal. Tampoco sabemos cuándo y quién inventó la escritura con exactitud. Entre otras razones, porque este hecho -como tantos otros descritos en nuestro libro- es el resultado de un proceso, y no tanto algo que aparece en un momento determinado.

Eso mismo sucede con la invención del **reloj y del calendario**, que surge en paralelo en distintas civilizaciones, alejadísimas entre sí. Fundamental para todos fue la implantación de la **democracia en Atenas**, un modelo que quedó en la memoria y ha triunfado en nuestra época. De sus ruinas surgió el Renacimiento, ese periodo en el que el hombre se puso, al fin, en el centro del universo. Y a la Tierra, por cierto, alrededor del Sol, un avance al que podemos responsabilizar, esta vez sí, a un individuo: nada menos que al gran **Nicolás Copérnico**.

A partir del siglo XVII la ciencia comienza a dar pasos que hoy nos pueden parecer pequeños, pero que entonces eran de gigante. **Newton** demuestra que el mundo de la Física se basa en unas rígidas leyes. La Medicina, poco a poco, va avanzando y **salva millones de vidas**, y mientras tanto, hay revoluciones, cambios artísticos, tecnológicos y... ¡sociales!

En el **terreno social** se ha avanzado, y gracias al esfuerzo de muchos. En la antigüedad era habitual la **esclavitud**, hasta que se consiguió abolir. También las personas de otras razas, e incluso las mujeres, han sufrido **discriminación** tan solo por serlo. Y aunque hoy el problema no se ha solucionado del todo, sí que existe una amplia concienciación para dejar atrás todas esas conductas.

Ya verás cómo todos estos **hechos decisivos** nos han llevado hasta nuestro presente que, digan lo que digan, es mucho más **esperanzador** que aquellos tiempos remotos, ¡hasta hemos llegado al **espacio**! Puedes elegir tu hecho favorito e incluso, quién sabe, algún día tú protagonices otro y quizá recibas un **Premio Nobel**. Recuerda: todo gran avance es fruto de un gran esfuerzo colectivo.

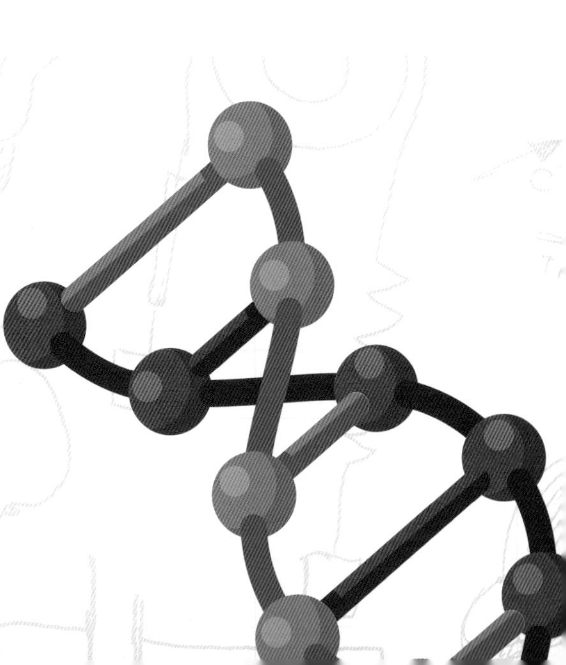

Descubrimiento del FUEGO y de la RUEDA

«¿Cómo que el fuego se descubrió?», pensarás. «¿Y la rueda no ha existido desde siempre?». Pues bien, el fuego no se descubrió, pero lo que sí resultó todo un invento fue la manera de conservarlo y de generarlo. Y la rueda permitió a las civilizaciones que la usaron avanzar mucho más rápido. ¡Nada vino de antemano!

MÁS FUEGO, MEJOR VIDA

Los primeros humanos emplearon el fuego por primera vez para **COCINAR COMIDA**, hace un millón de años. Sin embargo, se cree que hasta hace medio millón de años (¡como poco!) no aprendieron a generarlo y mantenerlo. Saber prender una hoguera suponía un gran avance: permitía **VIVIR MÁS Y MEJOR**. La carne cocinada era más sana, ya que se mataban los microbios dañinos, era más fácil de digerir y costaba menos masticarla. Además, permitía calentarse (¡menos enfermedades!) y vivir en regiones más frías. Por si fuera poco, alejaba a los depredadores nocturnos. Vamos, que saber hacer una buena fogata era... ¡todo un **SEGURO DE VIDA**!

¿Te imaginas comer carne cruda? Los prehistóricos tuvieron que hacerlo, y eso provocaba enfermedades mortales. Y cocinado, ¡todo está más rico!

NO SOLO PARA COMER

Además, el fuego tenía otras cualidades. Todas las **RELIGIONES** le otorgaron un **SIMBOLISMO**. Es decir, lo consideraron algo parecido a un dios, al cual debían de honrar, a veces con sacrificios. En los santuarios siempre había una llama encendida. Y, por supuesto, fue utilizado como **ARMA DE ATAQUE** por los ejércitos y como medio de tortura por los poderosos.

LA RUEDA, ALTA INGENIERÍA

Tampoco está claro cuándo y dónde se inventó la rueda. Lo más probable es que apareciese en Mesopotamia, en Oriente Medio, hacia el 4500 a. C. Entendemos la rueda como un elemento circular que da vueltas alrededor de un eje, sobre el cual se puede colocar una carga. Así, la **CIVILIZACIÓN MESOPOTÁMICA** fue capaz de mover cargas (sobre todo, alimentos y materiales de construcción) mejor y más rápido que otras.

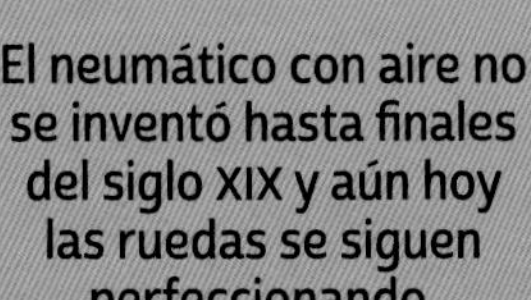

El neumático con aire no se inventó hasta finales del siglo XIX y aún hoy las ruedas se siguen perfeccionando.

APLICACIONES RODANTES

Al principio, las ruedas eran simples cortes del **TRONCO DE UN ÁRBOL**, con un agujero en medio. Con el tiempo, se inventaron las ruedas **CON RADIOS**, lo que permitió aligerar su peso, y así dedicar este a llevar más carga. En Asia y Europa se utilizaron para mejorar la agricultura, es decir, para sembrar. En América no se empleó a gran escala, ya que no había animales de carga tan grandes y muchas plantaciones eran en terrazas o espacios más pequeños.

Medir el tiempo: el RELOJ y el CALENDARIO

¡MI CALENDARIO ES EL MEJOR!

Quizá tardes cinco minutos en leer esta doble página. No hace falta que lo cronometres, pero si quisieras, lo podrías hacer. Ahora utilizarías un reloj, pero hace miles de años, tal vez dieras la vuelta a un reloj de arena. También sabes en qué mes estás, pero... ¿Lo sabían también tus antepasados? ¿Y qué día era su cumpleaños? ¡Manejar el tiempo tiene su historia!

SOL Y LUNA

En la Prehistoria, los humanos se guiaban por lo único «fiable» que había: **LA LUNA Y EL SOL**. Los dos astros tenían un movimiento regular y su estudio daba «pistas» de en qué momento del día y del año estaban. ¡Los prehistóricos ya se habían dado cuenta de que **LA VIDA SEGUÍA UN CICLO** que se repetía! Los primeros calendarios encontrados eran lunares (hacia el año 8000 a. C.) y seguían el ciclo del satélite, de 28 días. Cada civilización fue creando, de manera independiente, el suyo propio. El primer calendario totalmente solar fue el egipcio.

JULIANO

En Europa, los que más hicieron por crear un calendario exacto fueron los romanos. En especial, el gran general **JULIO CÉSAR** encargó un calendario muy ajustado para su época: se acordó que todos los años constaran de **365 DÍAS**, y cada cuatro años se contarían 366, es decir, el año bisiesto. Hasta entonces, al calendario romano le «faltaban» días: solo tenía 355.

SEGUNDO A SEGUNDO

Al principio, la única manera que tenía la humanidad para contar el tiempo era fijarse en el Sol: en su posición en el cielo y en la sombra que proyectaba. Así se inventaron varios tipos de **RELOJES SOLARES**, según el lugar de la Tierra donde se estuviera. Pero claro, si el Sol no salía... Se inventaron entonces los relojes de arena y de agua (llamados clepsidras) que podían medir con cierta precisión cortos periodos de tiempo. Los relojes, tal y como nosotros los conocemos, se inventaron hacia el siglo X en Europa. Hasta el siglo XV no se crearon los **RELOJES DE BOLSILLO** y hasta finales del XIX, los de **PULSERA**. Hoy existen ya los atómicos, ¡que no se equivocan ni en una milésima de segundo!

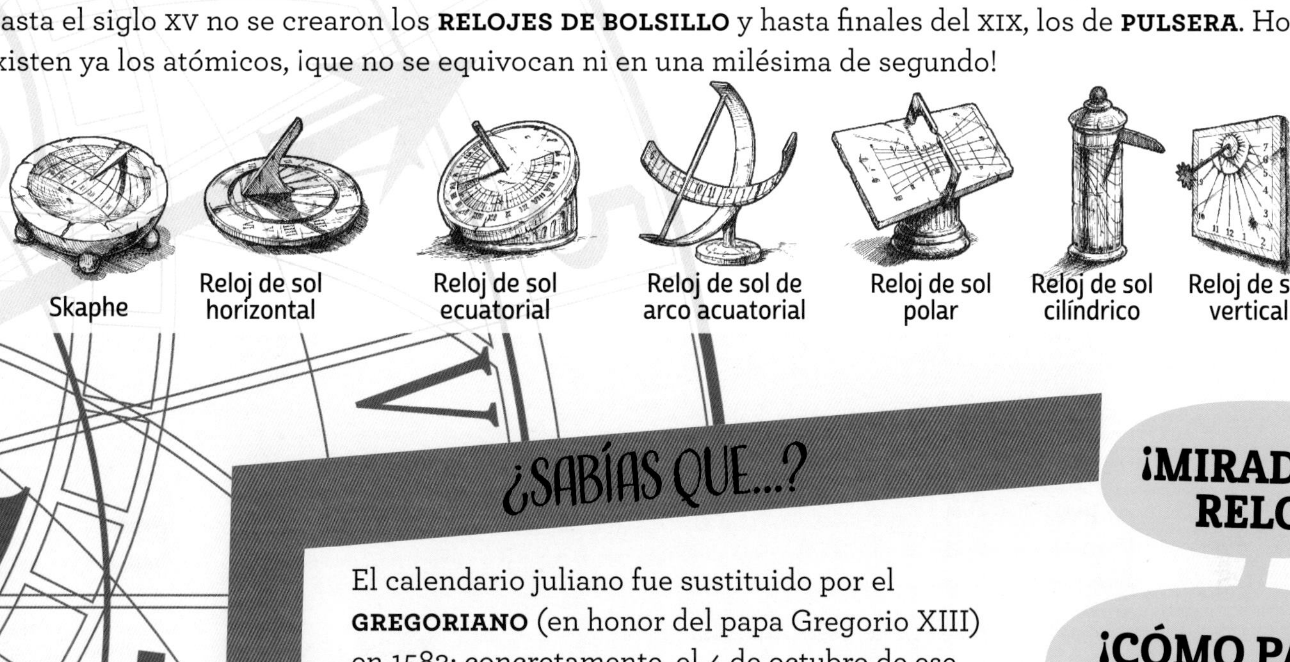

Skaphe — Reloj de sol horizontal — Reloj de sol ecuatorial — Reloj de sol de arco acuatorial — Reloj de sol polar — Reloj de sol cilíndrico — Reloj de sol vertical

¿SABÍAS QUE...?

El calendario juliano fue sustituido por el **GREGORIANO** (en honor del papa Gregorio XIII) en 1582; concretamente, el 4 de octubre de ese año. Eran unas pequeñas modificaciones, ya que el calendario de Julio César se había quedado «atrasado» e iba 12 días por detrás del paso real del Sol. ¿Qué se hizo? Pues el día siguiente, cuando Europa se despertó, fue el 15 de octubre. ¡Así, de golpe, **SE PERDIERON TODOS ESOS DÍAS**!

MISMO TIEMPO, DISTINTO CALENDARIO

La mejora en la fiabilidad de los calendarios sirvió a las civilizaciones para mejorar la **PROGRAMACIÓN DE LOS CULTIVOS**, entre otras cosas. En la actualidad, la gran mayoría de la población utiliza el calendario gregoriano, pero existen algunos otros. En China, por ejemplo, celebran su año nuevo en otro momento del año (suele variar cada año entre los meses de febrero y marzo del gregoriano). Cada cultura, además, toma como año cero un **MOMENTO ESPECIAL DE SU FUNDACIÓN**. Así, las religiones cristianas, musulmanas, hebreas o budistas, por ejemplo, consideran que este mismo año en el que estás leyendo es un año distinto. ¡No te compliques, que en cualquier caso, es el mismo momento con distinto nombre!

Nace la ESCRITURA y el PAPEL

Nos distinguimos de los animales por varias cuestiones. Quizá la principal sea nuestra capacidad para construir historias, que se sustenta por el lenguaje. Y cuando se pudieron poner por escrito los mensajes, la capacidad humana para comunicarse se multiplicó. ¡Las civilizaciones del pasado fueron capaces de «hablar» con las del futuro!

EMPEZANDO A ESCRIBIR

La primera escritura que se conoce es la **CUNEIFORME**, que nació en Mesopotamia hacia el 3500 a. C. Eran unos símbolos en forma de cuña, que se utilizaban sobre todo para hacer cuentas, y en contratos de compra y venta. Eran **JEROGLÍFICOS**, como también sucedía en el Antiguo Egipto: es decir, cada dibujo representaba un concepto distinto. ¡Era un sistema un poco limitado, la verdad!

LOS ALFABETOS

Con el tiempo, las civilizaciones fueron creando alfabetos. Es decir, aparecieron letras que **REPRESENTABAN SONIDOS**. De esa manera, con un número limitado de símbolos (de 20 a 30, por lo general) se podía representar cualquier palabra de ese idioma. El primer alfabeto que se conoce es el **FENICIO**, que luego adaptaron los griegos y los romanos.

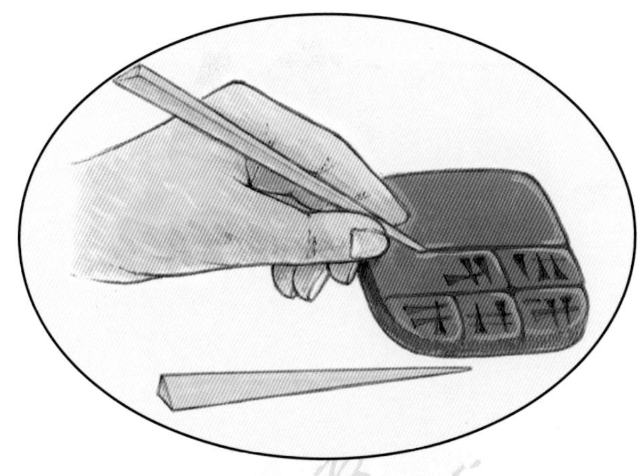

LOS SOPORTES

La capacidad de dejar algo por escrito cambió muchas, muchísimas cosas. ¿Lo sabías? El cambio de la **PREHISTORIA A LA HISTORIA** se produjo gracias a la escritura, ya que a partir de entonces podemos conocer lo que pasó por documentos reales y no solo por lo que somos capaces de deducir en la actualidad. Pero, por supuesto, toda escritura necesitaba de un soporte, no siempre fácil de obtener ni duradero.

VARIOS TIPOS

Los primeros soportes para escribir fueron las **TABLAS DE ARCILLA**. El barro seco no era demasiado costoso, pero sí muy limitado: mucho peso para poca escritura. Los egipcios inventaron el **PAPIRO**, un soporte grueso y frágil obtenido de una planta que crecía a las orillas del río Nilo. Se almacenaba en rollos porque no se podía doblar. Fue un gran avance, pero era demasiado endeble. Así que pronto apareció el **PERGAMINO**, que se fabricaba con piel de cabra, cordero o ternera. Era más fácil de conseguir que el papiro, más duradero y de mejor calidad, así que se impuso desde la Antigua Grecia hasta toda la Edad Media.

CÓMO OBTENER PAPEL

El papel se suele fabricar con trapos viejos o con pasta de madera.

QUIEN DOMINA LA ESCRITURA, DOMINA EL SABER.

EL PAPEL DE LA IMPRENTA

Sin embargo, la aparición de la **IMPRENTA** (ver pág. 22) pedía que apareciese otro soporte, ya que con el pergamino no se llegaba a todo lo que se quería imprimir. El **PAPEL** se inventó en China en el siglo II a. C., a partir de la celulosa de los vegetales. Pero no llegó a Europa hasta el siglo XI, a través de los árabes que dominaban la península ibérica. A partir de ahí se fue extendiendo poco a poco por el Viejo Continente, pero solo se hizo predominante cuando la imprenta prosperó.

Una BRÚJULA para no perderse

El ser humano siempre ha tenido la necesidad de desplazarse. En la Prehistoria, todo era más fácil porque los recorridos eran más cortos. Pero, según fueron apareciendo ciudades importantes a las que todos querían ir, orientarse era algo imprescindible. Quien sabía hacerlo tenía un tesoro.

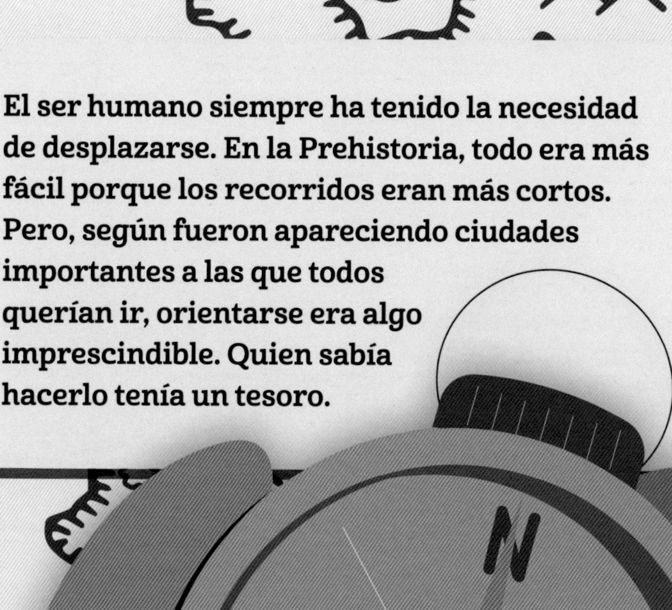

EN LA ANTIGÜEDAD...

Cuando la brújula aún no existía, la dirección en mar abierto se determinaba con la posición de los **CUERPOS CELESTES.** Pero era un sistema limitado, ya que un cielo nublado lo impedía. En tierra resultaba más fácil porque se podían tomar como referencia puntos del paisaje. Otra opción era utilizar el **ASTROLABIO**, un invento de la Antigua Grecia. Pero, igualmente, estaba limitado por la claridad del cielo. ¡Todo era bastante complicado!

¿CUÁNDO SE INVENTÓ?

No se sabe con precisión cuándo apareció la primera brújula, aunque los datos apuntan a que fue en **China**, hacia el siglo II. Se observó que un pequeño objeto de hierro imantado, cuando tiene una libertad de movimiento completa, se coloca en la dirección norte-sur. En el caso de los chinos, sus brújulas **MARCABAN EL SUR**, no el norte.

DESCUBRIENDO EL MUNDO

Tampoco está claro si la brújula pasó de China a Europa o si se inventó de manera independiente en el Viejo Continente. Puede que gracias a la Ruta de la Seda llegase hasta Italia. En cualquier caso, fue un instrumento clave para las **EXPLORACIONES** de los marineros portugueses y españoles en el siglo XV. Cristóbal Colón la empleó en sus **VIAJES A AMÉRICA**, y resultó fundamental. Sin embargo, este navegante observó que la aguja se desviaba un poco de lo previsto, y llegó a creer que la Tierra no era una esfera, sino que tenía forma de... ¡pera! Pero ahora sabemos que eso se debe a que el norte magnético no coincide con el norte geográfico.

LAS MEJORAS

Las brújulas y los mapas se ayudaron entre sí para que la navegación fuese cada vez **MÁS SENCILLA**. Las brújulas se fueron perfeccionando. Al principio las agujas flotaban sobre agua, lo cual era poco práctico si había olas. Luego se pusieron sobre un eje que les permitiera rotar. En la actualidad, todo es más fácil con el **GPS Y LOS MÓVILES**... ¡Pero, sin la brújula, la historia de la humanidad hubiera sido bien distinta!

El gobierno de la DEMOCRACIA griega

Seguro que sabes que la forma de gobierno de la mayoría de los países es la democracia. Es decir, que los ciudadanos eligen libremente al mejor de los candidatos para administrar el poder y tomar las mejores decisiones. Pero, ¿fue siempre así? No, ni siquiera hoy sucede en todos los países. La democracia es un sistema de gobierno que se inventó hace más de 25 siglos en la actual Grecia. ¡Y menudo invento!

Este es el PARTENÓN, la construcción más famosa que nos ha llegado de la antigua Atenas, cuna de la democracia.

TODOS LOS CIUDADANOS TENDRÁN VOZ Y VOTO.

PARA TODOS

La democracia se instauró en **ATENAS** hacia el siglo VI a. C. Por entonces, no había países como hoy los entendemos, sino *polis*. Es decir, grandes ciudades que funcionaban como pequeños estados, independientes unas de otras. La aparición de este sistema fue un hecho insólito: ya existía que hubiera votaciones por mayoría para decidir diversos asuntos, pero solo tenían acceso los ricos, los nobles, los poderosos. En la democracia de Atenas no era así: votaban todos los considerados **CIUDADANOS**, sin importar sus ingresos, aunque sí su condición.

EL GRAN PERICLES

Se dice que fue Clístenes quien introdujo la democracia en Atenas. En cualquier caso, el mandatario más famoso de aquellos tiempo fue **Pericles**, en el siglo V a. C. Este militar y gran orador promovió las artes, la literatura y la educación, haciendo de su *polis* un lugar próspero e imitado. Su aceptación como gobernante y su capacidad de convicción lo llevaron a ser reelegido varias veces.

PERICLES impulsó la construcción del Partenón y de otros monumentos de la ACRÓPOLIS de Atenas.

ENTRE TODOS

Las decisiones se tomaban en una **ASAMBLEA** por voto directo. Es decir, no había representantes (como ahora), sino que se podían llegar a juntar miles de ciudadanos. Cualquiera de ellos podía presentar una **PROPUESTA**, que se debatiría y votaría. La democracia ateniense acabó en el año 322 a. C. cuando Alejandro Magno tomó el poder en Grecia. Pero su espíritu se recuperó 2 000 años después.

OJO, UN BUEN CIUDADANO TIENE QUE ESTAR INFORMADO.

NI VOZ NI VOTO

La democracia griega fue un gran adelanto al que le debemos mucho. Sin embargo, tenía sus carencias (que en su tiempo, no se veía así). Las **MUJERES** no poseían derecho de voto, y tampoco los esclavos o los extranjeros. Ciertos **DERECHOS FUNDAMENTALES** de la democracia no se consolidaron hasta el siglo XX, y todavía hoy es una forma de gobierno que se sigue perfeccionando. Pero es la que mejores resultados da.

A ARISTÓTELES y otros grandes filósofos no les gustaba la democracia; decían que daba poder a quien no estaba preparado.

La abominable PESTE NEGRA

La Tierra no es el planeta de las plantas, de los animales o de los seres humanos. En realidad, es el planeta de las bacterias. Solo en nuestro cuerpo hay miles y miles de veces más que humanos sobre la Tierra. Y, como era de esperar, algunas de ellas nos pueden causar mal. Mucho mal. Es lo que sucedió en Europa, Asia y el norte de África a mediados del siglo XIV: la mayor epidemia que haya conocido la humanidad.

EL INICIO

No se sabe muy bien cómo y dónde se originó la peste negra. Es seguro que se expandió **POR LAS GUERRAS**, que provocaban éxodos y movimientos de tropas. Fue en 1347 cuando, en el centro de Europa, se dieron cuenta de que un porcentaje altísimo de personas moría de la misma manera. Muchos pensaron que era un **CASTIGO DE DIOS**. La ciencia, en aquellos tiempos, prácticamente no existía.

SUS SÍNTOMAS

¿Qué les pasaba a quienes contraían la peste negra o **BUBÓNICA**? Primero, empezaban a tener mucha fiebre y tos, luego sangrados, manchas en la piel y, por fin, mostraban gangrenas y bubones. ¿Lo sabías? Un bubón es la inflamación de un ganglio linfático, donde se generan nuestras defensas. Cuando ese bubón estallaba, además de **DOLER MUCHO Y OLER MUY MAL**, todo el cuerpo se infectaba. Ya la aparición de los primeros síntomas hacía pensar en un desenlace fatal sin pasar más de cinco días.

¿CÓMO SE TRANSMITÍA?

Los médicos que atendían a los pacientes portaban una **MÁSCARA MUY PARTICULAR** (como puedes ver en las ilustraciones) que les hacía parecer cuervos. La razón era que llevaban dentro muchas **PLANTAS AROMÁTICAS**, con las que suponían que «purificaban» el aire podrido, que se creía que era el causante de la peste. En realidad –sin ciencia ni microscopios no podían saberlo– la causante era una bacteria que entraba al cuerpo humano por medio de la **PICADURA DE LAS PULGAS**. Esas pulgas solían viajar en el cuerpo de las ratas, o en los tejidos de las ropas.

La peste dejó huella en todos los ámbitos. También en el arte, como en este cuadro de Pieter Brueghel el Viejo, llamado EL TRIUNFO DE LA MUERTE (detalle).

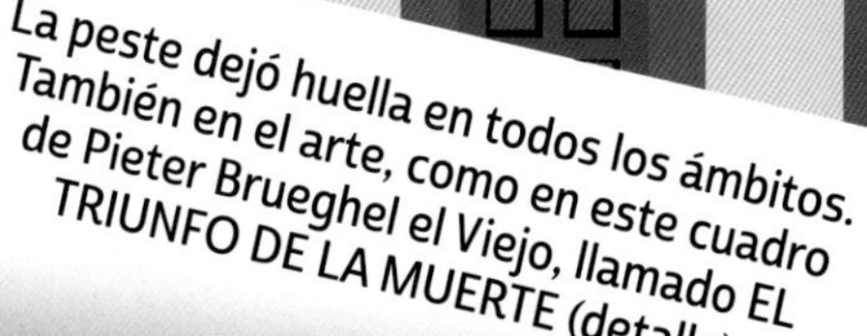

UNA PRUEBA PARA LA SOCIEDAD

Se cree que en pocos años, murió entre el 40 % y el 60 % de la población europea. ¡Una barbaridad! Provocó **HAMBRUNAS** y pobreza, y una gran escasez de mano de obra. Durante un siglo siguió causando muchas muertes. Luego su incidencia bajó hasta casi desaparecer, pero incluso hoy, en lugares remotos, siguen apareciendo **ALGUNOS CASOS**.

Saber de todo: el RENACIMIENTO

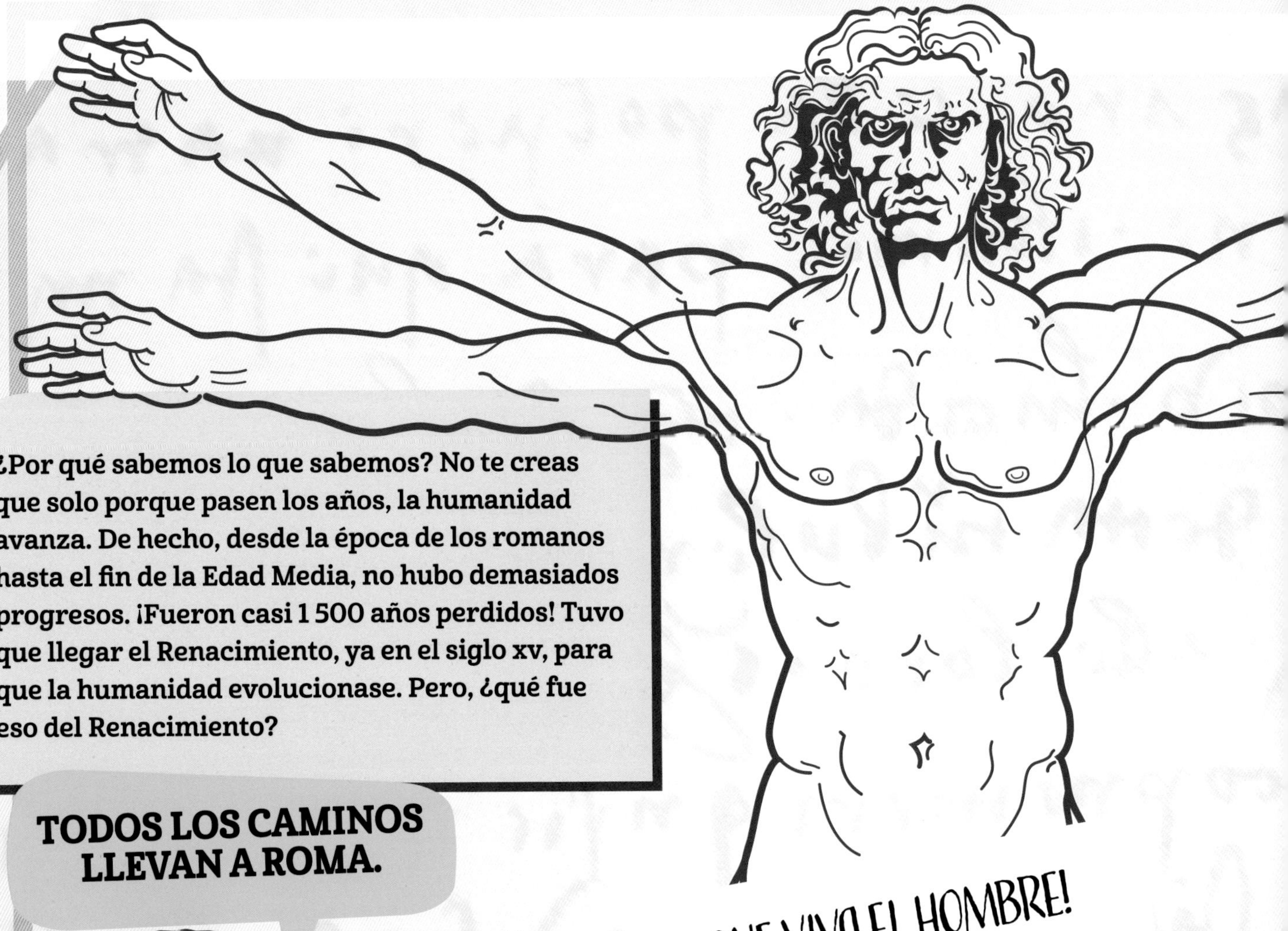

¿Por qué sabemos lo que sabemos? No te creas que solo porque pasen los años, la humanidad avanza. De hecho, desde la época de los romanos hasta el fin de la Edad Media, no hubo demasiados progresos. ¡Fueron casi 1 500 años perdidos! Tuvo que llegar el Renacimiento, ya en el siglo xv, para que la humanidad evolucionase. Pero, ¿qué fue eso del Renacimiento?

TODOS LOS CAMINOS LLEVAN A ROMA.

David, de MIGUEL ÁNGEL.

¡QUE VIVA EL HOMBRE!

El Renacimiento está ligado a otro gran concepto de aquella época: el **HUMANISMO**. Este movimiento nació en la Italia del siglo xv y puso la figura del hombre en el centro del estudio y reflexión de los filósofos. Hasta entonces, la religión se llevaba todos esos esfuerzos. El humanismo, en cambio, buscaba sus modelos en la **ANTIGÜEDAD CLÁSICA**, es decir, en Grecia y en Roma.

SU DIFUSIÓN

¿Y por qué triunfa el Renacimiento? Como hemos visto, influye mucho el movimiento humanista. Pero también hay otro acontecimiento fundamental para que el conocimiento deje los conventos (la mayoría de los libros estaban en poder de la iglesia, ya que los monjes los copiaban a mano). La **INVENCIÓN DE LA IMPRENTA** (ver pág. 22) será importantísima para la difusión de la cultura y las nuevas ideas.

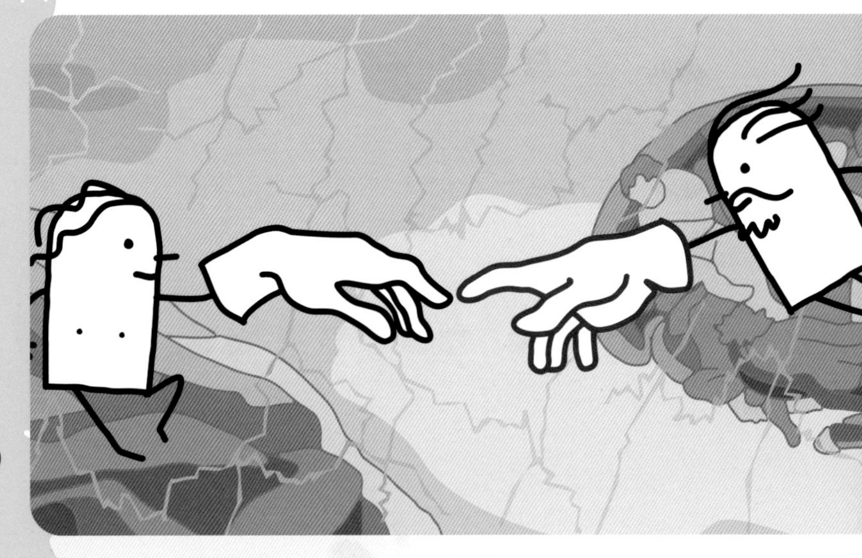

Hombre de Vitrubio, de LEONARDO DA VINCI.

MUCHAS MEJORAS

El Renacimiento artístico viajó de Italia hacia toda Europa. En pintura, se consiguió crear una **PERSPECTIVA**, es decir, que no pareciese tan plana. La arquitectura imitó a las construcciones romanas, con sus **COLUMNAS** y frontispicios. En urbanismo, el mapa de las ciudades se diseñó para que las personas pudieran **VIVIR MEJOR**.

Basílica de San Pedro, de BRAMANTE y otros.

YA ERA HORA DE PENSAR UN POQUITO EN NOSOTROS, ¿NO?

SABER DE TODO UN POCO

En esta época surgió un concepto que continúa hasta hoy: el «hombre renacentista». Se llama así a los primeros estudiosos que sabían de todo un poco, porque el conocimiento estaba poco desarrollado. El más conocido de todos ellos es **LEONARDO DA VINCI**. Él pintó el *Hombre de Vitrubio*, que con el tiempo se ha convertido en un símbolo del Renacimiento: el hombre como la medida de todas las cosas.

La IMPRENTA nos hizo más sabios

¿Te imaginas un mundo sin libros? Quizá (quizá) pudieras pasar sin este, pero... ¿Sin todos los demás? ¿A que no? Pues hubo un tiempo en el que poseer un libro era tener un gran tesoro. Había muy, muy pocos y estaban en manos de unos afortunados, en los monasterios especialmente. Todo eso cambió en Occidente cuando Johannes Gutenberg inventó la imprenta de tipos móviles: los libros empezaron a ser «para todos». Fue la revolución del conocimiento.

LIBROS ARTESANALES

Hasta bien entrado el siglo XV, el conocimiento era **COSA DE LOS MONJES**. ¿Por qué? La capacidad de leer y escribir era casi exclusiva de ellos. Los libros se hacían en un proceso artesanal. Es decir, **SE COPIABAN A MANO**, antes de que se deteriorasen. Por eso, los libros se conservaban en los monasterios, auténticos guardianes del saber. Y muy, muy pocos tenían acceso a ellos. El conocimiento solo estaba al alcance de la élite.

UNOS TIPOS QUE SE MUEVEN

Gutenberg era hijo de un **ORFEBRE** (la persona que se dedica a crear joyas) y de su padre tomó la capacidad para fundir y crear objetos metálicos. Desde pequeño se había mostrado como un niño muy inquieto y creativo, y cuando llegó a la edad adulta eso le sirvió para convertirse en una especie de ingeniero e inventor. Y, un poco a escondidas, comenzó a hacer pruebas para crear la primera **IMPRENTA DE TIPOS MÓVILES**. Este es un sistema de impresión que incorporó piezas metálicas independientes entre sí, cada una con una letra o símbolo en relieve.

EL PRIMER LIBRO IMPRESO

Su invento consistía en poner sobre una plancha unos **CARACTERES METÁLICOS** con el texto de la página a imprimir. Podían tardar un buen rato en componerla, pero luego echaban tinta a esos caracteres y, en una prensa, podían imprimir centenares de páginas... ¡en pocos minutos! En Maguncia (Alemania), su localidad natal, abrió la primera imprenta conocida. En 1455 imprimió el primer libro con este revolucionario sistema: la **BIBLIA DE 42 LÍNEAS** (por el número de líneas en cada página). Fabricaron 180 libros, con más de 1200 páginas cada uno, en unos cuatro años. ¡Cualquier monje hubiera necesitado varias vidas para hacer mucho menos!

UNA REVOLUCIÓN DURADERA

Es posible que en China ya existiera un invento similar antes. En Europa, la imprenta se extendió con rapidez, lo que permitió la impresión de **MILLONES DE LIBROS** en pocos años, cuando lo normal hubieran sido unos pocos miles. Muchas personas pudieron por fin acceder al conocimiento acumulado por la humanidad, que estaba casi bajo secreto. Muchos se animaron también a difundir sus saberes. El impacto de la imprenta fue, sencillamente, **INFINITO**. ¡Gracias, Gutenberg!

Una visión del SISTEMA SOLAR

Quizá por instinto, el ser humano, desde el inicio de los tiempos, pensó que su planeta era el centro del universo y que el Sol daba vueltas a su alrededor. En la Antigua Grecia se puso seriamente en duda, pero la Edad Media enterró esa revolución. Siglos después, el Renacimiento alumbró una generación de científicos que pusieron las cosas en su sitio.

EL SOL, EL CENTRO

Nicolás Copérnico era un astrónomo (nacido en lo que hoy es Polonia) que había estudiado a los sabios griegos. Algunos de ellos apuntaban ya a que la **Tierra giraba alrededor del Sol** (helicocentrismo) y no al revés. A lo largo de varias décadas, Copérnico fue escribiendo un libro en el que dejaba claro que eso era así. Lo llamó *Sobre las revoluciones de las esferas celestes*, pero no se atrevió a publicarlo hasta el año en que murió (1543), porque iba contra la doctrina de la Iglesia y creía que la Inquisición podría ir contra él. En efecto, su publicación fue todo un acontecimiento. Ahora, muchas veces, cuando algo cambia de manera radical, utilizamos la expresión **«giro copernicano»**. ¿La has utilizado alguna vez?

religión

ciencia

CONSECUENCIAS

El valor de lo que hizo Copérnico resulta incalculable. Impulsó la Astronomía a un nuevo nivel. Que la Tierra no fuera el **CENTRO DEL UNIVERSO** implicó que la ciencia le ganara un poco de terreno a la religión, que todo lo dominaba hasta entonces. Aunque la **INQUISICIÓN** intentó evitar que este conocimiento se divulgase, la imprenta y el Renacimiento ayudaron a que se propagase.

ELIPSES Y NO CÍRCULOS

JOHANNES KEPLER fue un astrónomo alemán que ayudó a dar un nuevo gran paso en la concepción de nuestro Sistema Solar a principios del siglo XVII. Estableció tres **LEYES SOBRE EL MOVIMIENTO DE LOS PLANETAS EN SU ÓRBITA ALREDEDOR DEL SOL**. La primera de ellas decía que los planetas se movían en torno al Sol en una trayectoria de elipse (un círculo estirado), y no completamente circular. Con las otras dos leyes –algo más complejas– pudo deducir prácticamente todo el comportamiento de los cuerpos celestes y anticipar así su posición en el firmamento. ¡Algo increíble para su época!

GALILEO fue un genio que hizo los mejores telescopios de su tiempo.

UN GRAN GENIO

El italiano **GALILEO GALILEI** es el tercero de los astrónomos de los que te vamos a hablar y, sin duda, el más completo. No solo avanzó en astronomía sino en muchas otras ciencias. **MEJORÓ EL TELESCOPIO** y gracias a ello pudo descubrir los cráteres lunares, las lunas de Júpiter, las fases de Venus y las manchas solares. Sus descubrimientos colocaban al Sol en el centro y por ello se ganó muchos enemigos en la Iglesia católica. La **INQUISICIÓN** fue contra él, le obligó a retractarse y lo condenó a arresto domiciliario en 1633, hasta que murió en 1642.

La pesada GRAVEDAD de Newton

LA ATRACCIÓN

Tienes que saberlo: todos los objetos se atraen unos a otros con una fuerza **DIRECTAMENTE PROPORCIONAL** al producto de sus masas e inversamente proporcional al cuadrado de la distancia que separa sus centros. ¿Uf, un poco difícil? Esto es lo que afirma la ley de la gravedad de Newton (o **LEY DE LA GRAVITACIÓN UNIVERSAL**, para los menos amigos). Tranquilo, es tan sencillo como que la materia, además de ocupar un espacio, de tener una serie de atributos, posee una propiedad más: ¡se atrae entre sí!

PHILOSOPHIÆ NATURALIS PRINCIPIA MATHEMATICA

Autore JS. NEWTON, Trin. Coll. Cantab. Soc. Matheseos Professore Lucasiano, & Societatis Regalis Sodali.

IMPRIMATUR. S. PEPYS, Reg. Soc. PRÆSES. Julii 5. 1686.

LONDINI, Jussu Societatis Regiæ ac Typis Josephi Streater. Prostat apud plures Bibliopolas. Anno MDCLXXXVII.

UN GRAN PASO

Isaac Newton se basó en los descubrimientos de **GALILEO GALILEI, JOHANNES KEPLER** y otros científicos. Con su ley contribuyó muchísimo a la Física. Todo se publicó en su obra *Fundamentos matemáticos de la filosofía natural*, editada en 1687: un libro revolucionario, un auténtico hecho decisivo en la historia de la humanidad.

¿QUÉ ES LA GRAVEDAD?

La gravedad es una **FUERZA BÁSICA** en el universo. Es la que mantiene a los cuerpos sujetos al planeta e impide que la Tierra se despedace y que la atmósfera se escape. Sin ella, no podríamos estar de pie. Hay otras tres fuerzas básicas en el universo: la nuclear fuerte, la nuclear débil y la electromagnética. Son invisibles, pero están en todas partes. ¡Ya estás preparado para un examen de Física!

MOVIMIENTOS CELESTES

Gracias a Newton podemos conocer el movimiento de los planetas, lunas y asteroides del Sistema Solar y también el de las sondas o satélites artificiales enviados desde la Tierra. Su Ley se sigue utilizando para la mayoría de los cálculos necesarios relacionados con la gravedad. De hecho, **NEPTUNO** fue descubierto porque las órbitas de Urano, Júpiter y Saturno no se ajustaban al 100 % a lo que precisaba la ley de Newton: claro, era porque había otro planeta que los «empujaba».

¡GRACIAS, NEWTON!

LOS INSPIRADORES DE NEWTON

La ley de la gravedad de Newton es muy precisa, tanto que se sigue empleando para enviar cohetes al espacio y planear los viajes espaciales. También sirve para explicar el **FENÓMENO DE LAS MAREAS**, de los equinoccios, la caída de los objetos a la Tierra y mucho más. ¡Newton fue un auténtico genio! Pero siempre reconoció que le debía mucho a sus predecesores. Por eso dijo: «Si he visto más lejos, es por estar sobre los **HOMBROS DE GIGANTES**».

Por la libertad: la REVOLUCIÓN FRANCESA

Como estamos viendo, la humanidad ha ido progresando poco a poco, tanto en bienestar material como en el personal. Conceptos como la dignidad, el respeto, la libertad... ¿Cómo y cuándo avanzan? Es difícil de valorar, pero los historiadores coinciden en que hay un momento en el que todos ellos toman impulso: se refieren a la Revolución Francesa.

EN AQUELLA ÉPOCA...

En la Francia de finales del siglo XVIII mandaba, sobre todo, el rey. Pero el **DESCONTENTO DE LA POBLACIÓN** con la carestía de los alimentos obligó a Luis XVI a convocar los Estados Generales, una reunión del clero, la nobleza y Tercer Estado: el pueblo llano. Pero este intento de arreglar las cosas fracasó y campesinos y burgueses formaron una **ASAMBLEA NACIONAL CONSTITUYENTE**, para crear una nueva constitución. El pueblo «ignoraba» a los poderosos y quería cambiar la situación. Al rey solo le quedaba apelar al ejército, pero este no le apoyó con firmeza.

LA TOMA DE LA BASTILLA

El momento más recordado de la Revolución Francesa es cuando el pueblo de París asaltó la **FORTALEZA DE LA BASTILLA**, símbolo del absolutismo monárquico. Un momento histórico, sin duda; desde entonces, la revolución se fue extendiendo por ciudades y pueblos. Fue el **14 DE JULIO DE 1789**: ese día fue tomado como fiesta nacional en Francia. En 1791, la Asamblea dictó una nueva Constitución.

TERROR Y DERECHOS

La Revolución no fue un periodo fácil ya que se cometieron muchas atrocidades en nombre de la libertad. Se inventó **LA GUILLOTINA**... ¡para cortar cabezas! Entre ellas, las del rey y la reina en 1793. La Revolución trajo consigo avances impensables hasta entonces, como la Declaración de los Derechos del Hombre y del Ciudadano, en 1789, o la Declaración de los Derechos de la Mujer y la Ciudadana, en 1791. No siempre se cumplieron en esa época, pero sentaron **UN GRAN PRECEDENTE**.

GUILLOTINA

CAMBIOS PARA EL FUTURO

Tras la revolución no cambió todo de inmediato, pero sembró en los gobiernos europeos la idea de que ya no se podía gobernar sin tener en cuenta la opinión del **CONJUNTO DE LA CIUDADANÍA**. Desde entonces, con altos y bajos, el poder de la nobleza y el clero decreció en favor de la voluntad de la ciudadanía común. ¡Ahora debemos recordar que **NO SIEMPRE FUE ASÍ**!

Empieza la Revolución INDUSTRIAL

¡A TODA MÁQUINA!

Vivimos en un mundo en el que hay una relativa abundancia de bienes materiales y de comida (aunque a menudo, mal repartidos). Pero no siempre fue así. De hecho, sabemos que eso empezó a cambiar entre finales del siglo XVIII y principios del XIX. ¿Por qué? Por la Revolución Industrial, el proceso por el que se introdujeron máquinas en el sistema de producción, para generar más productos y más rápido.

EL DETONANTE

Todo comenzó en **INGLATERRA**, en el último tercio del siglo XVIII. Hasta entonces, y durante siglos, la riqueza de las naciones (y de sus habitantes, claro) apenas había crecido durante siglos. La vida de un campesino de por entonces no resultaba muy diferente de la de otro del siglo I, por ejemplo. ¡Si es que casi no se había inventado nada nuevo! La población apenas crecía porque **SE PASABA HAMBRE**, además de por las guerras y por las epidemias. Pero todo eso cambió por la suma de varios factores y quizá el más importante de ellos fue la creación de la **MÁQUINA DE VAPOR**.

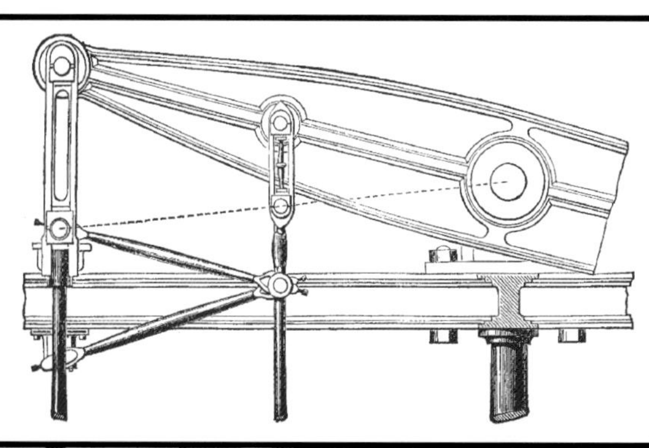

CON VAPOR

La máquina de vapor más famosa fue la que creó el escocés **JAMES WATT** en 1769. Esta máquina transformaba el calor aplicado al agua en energía mecánica, en movimiento. Así, el trabajo que hacían personas o animales lo podía hacer **MEJOR, Y MÁS RÁPIDO** dicho aparato. Varios sectores se aprovecharon de los inventos de los **GRANDES TALENTOS**, sobre todo el de los textiles y el de la agricultura.

LOS PIONEROS

En poco tiempo, los **ALIMENTOS SE MULTIPLICARON** y la población empezó a crecer como nunca antes (también tuvieron mucho que ver los avances en medicina, ver pág. 48). El campo servía para proveer a la ciudad, que atraía cada vez a más y más personas. Un paso decisivo fue la aplicación de la máquina de vapor a los transportes con la creación del **PRIMER FERROCARRIL**. La primera línea fue inaugurada en 1825, obra del inventor George Stephenson. Poco a poco, el ferrocarril se expandió por todo el mundo.

AVANCES Y DESEQUILIBRIOS

Un trabajo que antes realizaban 10 personas pasó a hacerlo una sola, gracias a las mejoras en las herramientas. Eso liberó mucha **MANO DE OBRA** para hacer otras funciones. Además, se empezó a utilizar a mujeres y niños en las fábricas (¡porque les pagaban mucho menos!). Las condiciones en las nuevas fábricas no eran, a menudo, las mejores, y la calidad de vida no siempre subió. Con cada vez más población, muchos ciudadanos europeos **EMPEZARON A EMIGRAR** a América.

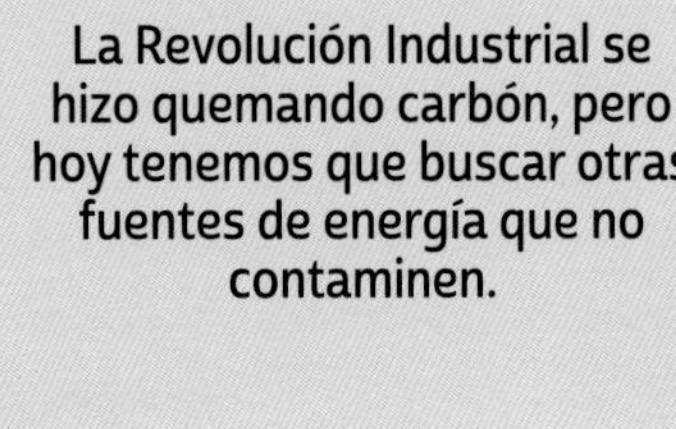

La Revolución Industrial se hizo quemando carbón, pero hoy tenemos que buscar otras fuentes de energía que no contaminen.

DE CARA AL FUTURO

Los avances en la producción llevaron a grandes **CAMBIOS SOCIALES**. La burguesía (los que contaban con dinero y fábricas) creció y ganó poder y se creó una nueva clase social: el **PROLETARIADO**. Estaba formada por los obreros, en su mayoría antiguos campesinos que habían dejado la ciudad. El proceso fue imparable y, en general, beneficioso, porque creó riqueza. Pero hoy sabemos que hay que cuidar las condiciones laborales y que la obtención de la energía es fundamental, y no se puede depender tanto del carbón y del petróleo (ver pág. 68).

La abolición de la ESCLAVITUD

¡NO HAY DERECHO!

Hoy da vergüenza hablar de esos tiempos. Sí, porque durante siglos, muchas personas carecieron de libertad tan solo por el color de su piel. Y quienes se aprovechaban de ellos lo veían de lo más normal, como si el destino de sus esclavos les perteneciera por derecho. Fueron tiempos lamentables, que aunque queden atrás debemos recordar.

MILES DE AÑOS

La esclavitud fue una práctica habitual durante la antigüedad. Sabemos que **EGIPCIOS, GRIEGOS Y ROMANOS** –entre otras culturas– contaban con esclavos para realizar grandes obras o como servicio doméstico. Solían ser personas de pueblos a los que se habían invadido o soldados de ejércitos enemigos. Así lograban una gran cantidad de mano de obra sin ningún coste. Tan solo tenían que mantenerlos vivos, es decir, darles alimento y poco más. Se cree que podía haber tantos esclavos como personas libres.

¡SE ROMPEN LAS CADENAS!

Con el tiempo y la caída de esos grandes imperios, la esclavitud fue decreciendo. En la Edad Media los **VASALLOS** tenían que pagar grandes impuestos a sus señores –¡demasiados!– pero no podemos decir que fueran esclavos. Sin embargo, un acontecimiento lo cambió todo: la **COLONIZACIÓN EUROPEA**, no solo de América, sino también de África.

GRAN CRUELDAD

Los primeros colonos de América esclavizaron **INDÍGENAS** para aprovecharse de ellos. Lo peor llegaría años después, cuando los europeos empezaron a secuestrar a los nativos africanos de manera masiva. Millones y millones de ellos fueron obligados a dejar sus vidas en África para servir, sin nada a cambio, en Europa, en Asia y, sobre todo, en América del Norte y el **CARIBE**.

CONTRA LA ESCLAVITUD

Se llenaban barcos y barcos con esclavos negros. Muchos de ellos morían por el camino, por las malas condiciones. Era tan escandaloso el asunto que se empezaron a alzar voces contra ese sistema. La **DECLARACIÓN DE LOS DERECHOS DEL HOMBRE Y DEL CIUDADANO** de 1789 en la Revolución Francesa ayudó a visibilizar un problema de toda la sociedad.

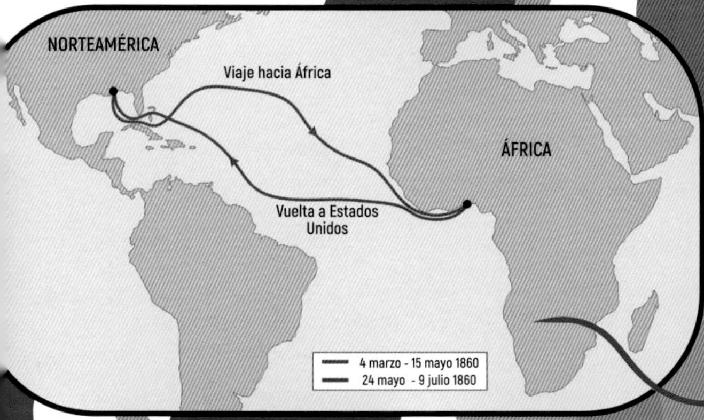

NORTEAMÉRICA
Viaje hacia África
ÁFRICA
Vuelta a Estados Unidos
4 marzo - 15 mayo 1860
24 mayo - 9 julio 1860

Viaje del CLOTILDA, el último barco cargado de esclavos.

¡GRACIAS, LINCOLN!

Estados Unidos era el país que más beneficio sacaba de la esclavitud, hasta bien entrado el siglo XIX. En 1860 salió elegido como presidente **ABRAHAM LINCOLN**, que abolió la esclavitud al poco de llegar. La oposición en el país fue tan fuerte que se desató una cruel **GUERRA CIVIL**. Pero ganó su propuesta, y la esclavitud quedó atrás. No ocurrió lo mismo, sin embargo, con el racismo (ver pág. 60).

El poder de la ELECTRICIDAD

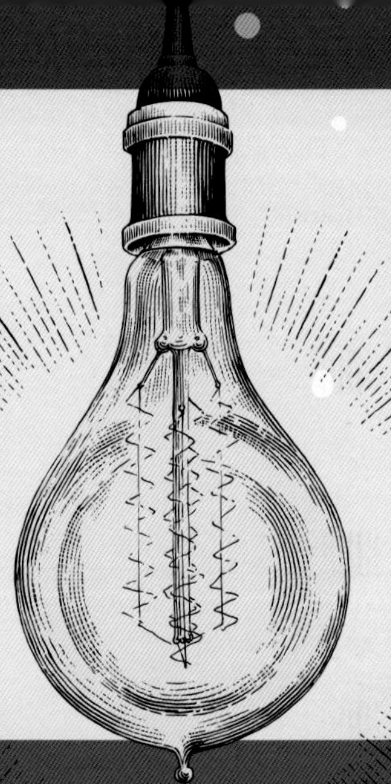

Dicen que el dinero mueve al mundo, ¡pero no es cierto! Si acaso, podemos afirmar que lo mueve... ¡la electricidad! La electricidad se conoce desde la época griega, pero solo se empieza a comprender y dominar desde finales del siglo XVIII en adelante. Es entonces cuando se entiende cómo producirla, cómo acumularla y en qué se puede aplicar: para crear motores y movimiento, para producir frío o calor, para dar luz...

EL GRAN FARADAY

Nuestro primer hecho decisivo «eléctrico» son los avances conseguidos por el inglés **MICHAEL FARADAY** (¡cuya biografía está llena de sorpresas!). Apoyado en los descubrimientos de otros grandes científicos, Faraday inventó el primer motor eléctrico, el primer transformador, el primer generador eléctrico y la primera dinamo. En otras palabras, consiguió convertir la **ELECTRICIDAD EN MOVIMIENTO** y el movimiento en electricidad. Así que podemos llamarlo, sin temor a equivocarnos, el padre de la ingeniería eléctrica, además de ser un ejemplo de hombre humilde que llega a lo más alto por su talento.

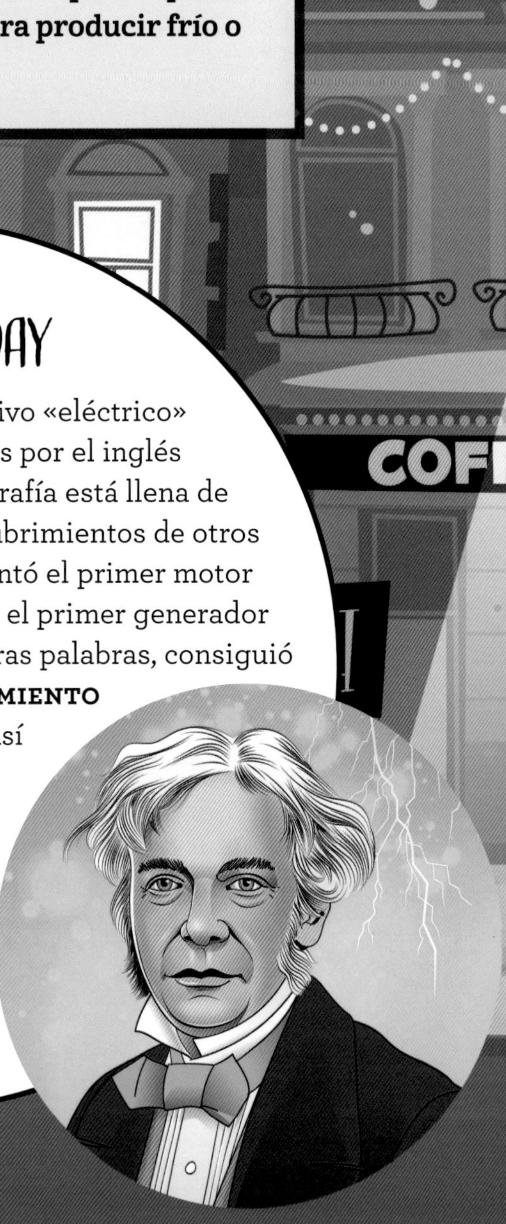

EDISON Y SUS INVENTOS

Thomas Alva Edison hizo más que nadie por convertir la electricidad en luz. No fue el primero en hacer que un filamento se pusiera incandescente con el paso de corriente eléctrica, pero sí en conseguir que aguantara un largo periodo de tiempo sin fundirse. Podemos decir que este norteamericano inventó la **luz eléctrica duradera**, barata y fiable. A partir de 1881, sus bombillas empezaron a verse en la ciudad de Nueva York, que fue dejando atrás sus farolas de gas. Esas bombillas convertían solo el 10 % de la energía recibida en luz, y el resto, en calor. En la actualidad, las bombillas con tecnología led son más eficientes.

¿SABÍAS QUE...?

¿De dónde viene la palabra «electricidad»? *Elektron* es el nombre que en griego recibe el ámbar, un material con el que el sabio griego Tales de Mileto empezó a investigar sobre la **electricidad estática** (como lo que sucede cuando frotas un globo contra tu pelo). De ahí tomó el nombre, que se popularizó a partir del siglo XVII, con la **Revolución Científica**. Otro gran paso adelante fue la invención de la pila, que permitía acumular energía eléctrica y, además, era portátil. La inventó el italiano **Alessandro Volta** en 1779.

LA IMAGINACIÓN DE TESLA

Otro gran visionario de la electricidad fue el inventor serbio **Nikola Tesla**. Este genio estuvo implicado en la creación del motor de corriente alterna, el radar, los rayos X, la transferencia de energía eléctrica en forma inalámbrica, el control remoto y el microscopio electrónico, entre otros. Su gran visión fue la construcción de una torre con la que poder «emitir» electricidad de manera **inalámbrica** a toda la esfera terrestre. Pero eso no se ha conseguido, al menos a gran escala. Sería un gran avance. ¿Te animas a intentarlo?

Comunicación por RADIO y TELÉGRAFO

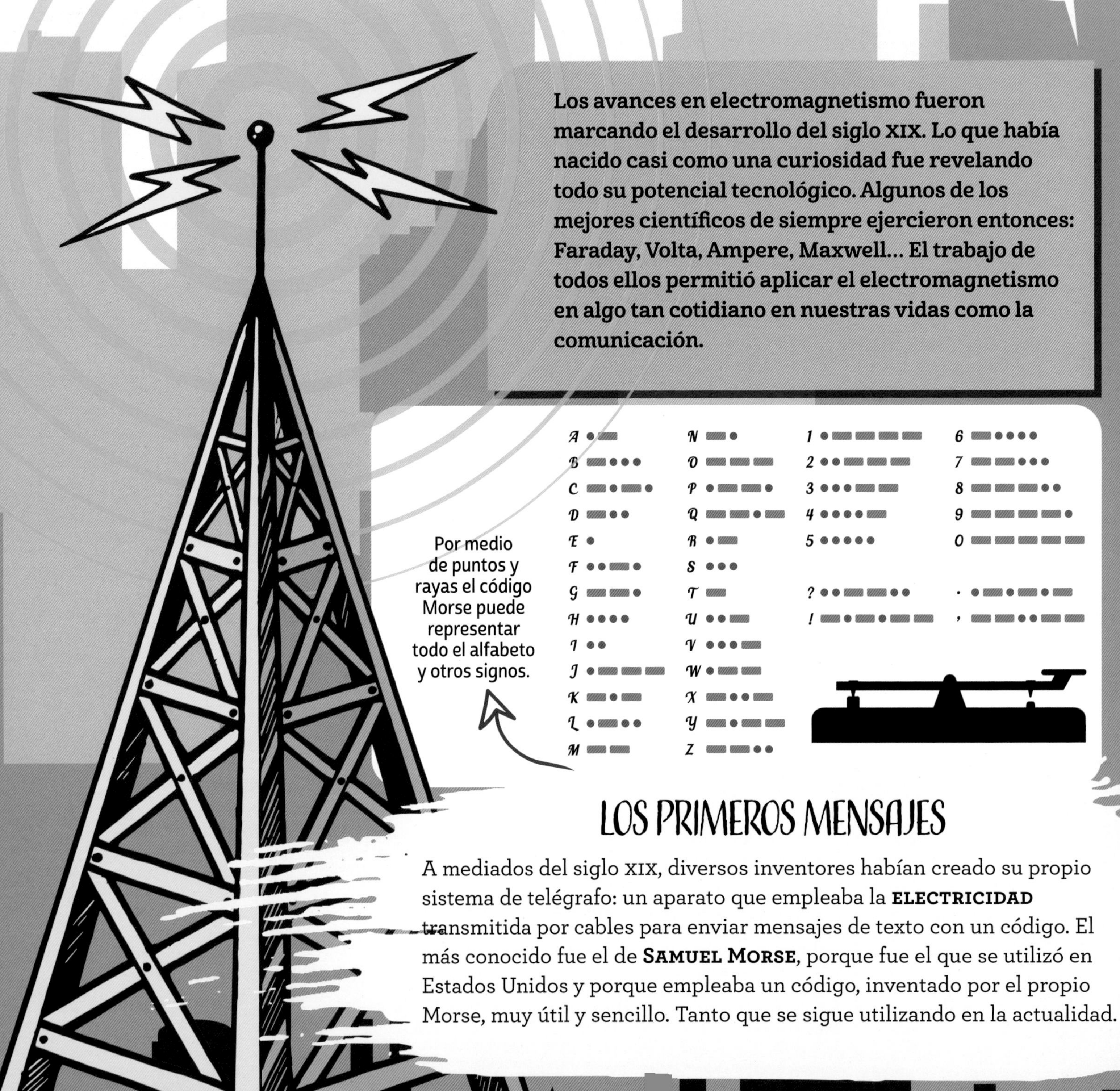

Los avances en electromagnetismo fueron marcando el desarrollo del siglo XIX. Lo que había nacido casi como una curiosidad fue revelando todo su potencial tecnológico. Algunos de los mejores científicos de siempre ejercieron entonces: Faraday, Volta, Ampere, Maxwell... El trabajo de todos ellos permitió aplicar el electromagnetismo en algo tan cotidiano en nuestras vidas como la comunicación.

LOS PRIMEROS MENSAJES

A mediados del siglo XIX, diversos inventores habían creado su propio sistema de telégrafo: un aparato que empleaba la **ELECTRICIDAD** transmitida por cables para enviar mensajes de texto con un código. El más conocido fue el de **SAMUEL MORSE**, porque fue el que se utilizó en Estados Unidos y porque empleaba un código, inventado por el propio Morse, muy útil y sencillo. Tanto que se sigue utilizando en la actualidad.

GRANDES DISTANCIAS

Puedes imaginarte la importancia del telégrafo para la comunicación. Hasta que en 1866 se creó la **PRIMERA LÍNEA SUBMARINA** estable entre Estados Unidos y Europa, cualquier suceso que ocurría a un lado del Atlántico tardaba semanas, o incluso meses, en conocerse. ¿Te imaginas eso ahora? Desde entonces, la **COMUNICACIÓN INTERCONTINENTAL** fue, prácticamente, inmediata. El mundo se hizo más pequeñito gracias al telégrafo.

¡YA NO SALGO DE CASA SIN MI RADIO!

MEJOR CUANTO MÁS LEJOS

La radio nació como una evolución del telégrafo, es decir, la capacidad de transmitir mensajes no por cables, sino por **ONDAS QUE VIAJASEN** por el aire. Los descubrimientos de varios científicos demostraron que había «ondas» electromagnéticas que se propagaban por el aire, y que esas ondas podían generarse artificialmente y detectarse. No se veían pero estaban ahí. El hecho de que no hubiese cables de por medio permitía hacer llegar los mensajes a **SITIOS REMOTOS**, como los barcos de alta mar, a las montañas o a lugares alejados de la ciudades. Era algo muy bueno para todos.

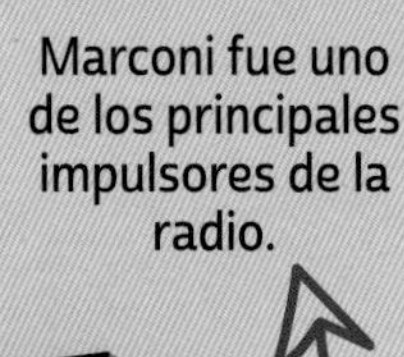

Marconi fue uno de los principales impulsores de la radio.

INFORMACIÓN Y OCIO

Aún hoy no queda claro quién fue el **INVENTOR** del primer sistema de radio. Puede que fuese el italiano Guglielmo Marconi, uno de sus principales impulsores y ganador por ello del Premio Nobel, o quizá el serbio Nikola Tesla. La primera transmisión radiofónica del mundo se realizó en la Nochebuena de 1906. A partir de 1920 empezaron las primeras emisiones de **PROGRAMAS DE ENTRETENIMIENTO**, es decir, empieza la radio como medio de comunicación de masas, con el que millones de personas se informan y divierten.

Nace la imagen: la FOTO y el CINE

Hasta bien entrado el siglo XIX, la única manera de representar el mundo era dibujándolo. Desde los primeros cavernícolas que pintaban en las piedras, la técnica había evolucionado mucho, pero era más o menos lo mismo. Sin embargo, a mediados del siglo XIX surge la capacidad de «atrapar» una imagen real fija, y a finales, en movimiento. Y ya nada volvería a ser igual.

UN CAMBIO RADICAL

La posibilidad de registrar «realmente» lo que sucedía cambió **PARA SIEMPRE** el mundo. En el terreno del arte, obligó a la pintura a evolucionar, a buscar otras formas de expresión. El cine y el vídeo permitieron dar fe de un acontecimiento, de mostrar lo sucedido **SIN INVENTARSE NADA**: los historiadores lo tuvieron más fácil desde entonces. Y la población, en general, pudo ver por primera vez los rostros reales de sus políticos, de sus monarcas, etc., así como contemplar paisajes remotos a los que nunca jamás habrían podido llegar. La imaginación echó a volar.

LOS PIONEROS

Pensarás que la imagen de la derecha es muy fea o que está desenfocada. Pero no te la enseñamos por bonita, sino porque es la **PRIMERA FOTOGRAFÍA DE LA HISTORIA**. La tomó Nicéphore Niépce en 1826, desde su ventana. Él, junto a Louis Daguerre, fue uno de los padres de la fotografía. Ellos comenzaron el camino que hoy nos permite hacernos un selfi en color en cualquier sitio. Al principio, tomar una fotografía era muy costoso, en tiempo y en dinero.

LA PRIMERA PROYECCIÓN

En realidad, el cine no es la imagen en movimiento, sino muchas imágenes juntas que se proyectan una tras otra rápidamente: 24 por segundo, nada menos. Gracias a un fenómeno de nuestra visión, la persistencia retiniana, a nuestro cerebro le parece que es un continuo. Los **HERMANOS LUMIÈRE** realizaron en París, el 28 de diciembre 1895, la primera proyección pública de una película. ¡Muchos se creyeron que un tren que se acercaba en la pantalla los iba a atropellar!

ESTRELLAS MUNDIALES

Se dice con razón que el cine es el **SÉPTIMO ARTE**, ya que en él se suman las otras seis: la arquitectura, la escultura, la danza, la música, la pintura y la literatura. En cualquier caso, la influencia del cine va más allá de lo artístico, ya que ha logrado hacerse un sitio en las mentes (¡y en los corazones!) de los habitantes de todo el mundo. Hollywood creó el *star system*, a las grandes estrellas que todo el mundo reconoce, de niños a mayores, de Oriente a Occidente. Hoy, todo el planeta conoce a personajes como **CHARLOT**, por ejemplo.

La ruptura del ARTE

¿No te parece maravilloso el arte? ¿No es como ver el mundo con otros ojos? El ser humano siempre ha necesitado plasmar sus vivencias, comunicarlas a otros. Imagínate: ya sucedía en la Prehistoria. El arte quería imitar a la vida y pretendía representar gráficamente a las personas, los paisajes... Pero, desde finales del siglo XIX, algo se rompe. No importa tanto ser fiel a la realidad. ¿Es que los artistas se volvieron locos? ¡Para nada!

MAL RECIBIMIENTO

Podemos decir que los impresionistas fueron los que dieron el paso decisivo para romper con la realidad. En abril de 1874, en París, realizan la primera exposición conjunta. Para ellos, lo importante era plasmar la luz de un momento, captar el instante, y no tanto ser fieles a la realidad. El cuadro que más llamó la atención fue *Impresión, sol naciente,* de **Claude Monet**. Por eso los llamaron «impresionistas»: era un comentario despectivo, algo así como: «¡Eh, vosotros, modernos! ¿A dónde vais con esas pinturas?». Iban... ¡hacia el futuro!

SIGUE LA RUPTURA

El impresionismo dio paso al **POSTIMPRESIONISMO**, en el que cada vez hay más diferencia entre la figura real y el resultado final. **VAN GOGH**, **GAUGUIN** o **CÉZANNE** son algunos de los pintores más destacados. El subjetivismo –la manera particular en que el artista ve el mundo– toma cada vez más fuerza.

PERSPECTIVAS

Quizá el momento clave llegó con el **CUBISMO**, porque es el movimiento que rompe con la perspectiva tradicional. En él, varias partes de un objeto o persona cubista se representan en un mismo plano. **PABLO PICASSO** es el líder de esta **CORRIENTE**.

LAS VANGUARDIAS

Las vanguardias son las corrientes modernas que surgieron a principios de siglo XX. Fueron varias: el expresionismo, el fauvismo, el uturismo, el dadaísmo, el surrealismo... El cuadro que vemos arriba es de **KAZEMIR MALEVICH**, pintor ruso fundador del **SUPREMATISMO**, un movimiento que «pasa» de representar la naturaleza y prefiere expresarse a través de **FORMAS PURAS**.

¡VIVA EL ARTE!

Abajo ves una parte de un cuadro del pintor **JACKSON POLLOCK**, compuesto con chorros y gotas de pintura. ¿Es arte? ¡Pues claro! A lo largo del siglo XX, el arte sufre una gran transformación: se puede expresar un mensaje de manera **NO FIGURATIVA** –frente al arte figurativo, que representa objetos identificables–, es decir, nace el **ARTE ABSTRACTO**.

Los JUEGOS OLÍMPICOS modernos

A menudo, la humanidad se divide en disputas de todo tipo, a veces incluso violentas. Pero, cada cuatro años, surgen los Juegos Olímpicos, una competición en la que todos los países del mundo aportan sus mejores deportistas. Son dos semanas y media en las que el deporte es el protagonista y los campeones (y no solo ellos) reciben atención y gloria. ¡Es una fiesta mundial!

ALEJANDRO MAGNO participó en los Juegos Olímpicos en carrera de carros.

¿DÓNDE ESTÁ EL ORIGEN?

Esta tradición viene de la **ANTIGUA GRECIA**. Los primeros Juegos se celebraron en el año 776 a. C. en la ciudad de **OLIMPIA** (por eso lo de Olímpicos). Se disputaban cada cuatro años y siempre en el mismo lugar. Algo que los distinguía era que se decretaba una **TREGUA SAGRADA** en toda el área de influencia, para que los atletas pudiesen viajar con seguridad. Los ganadores recibían una corona de olivo como premio, además de ser tratados como héroes. A partir del siglo V a. C., los competidores participaban **DESNUDOS**, para impedir que entrasen mujeres. En el año 380 d. C., el emperador romano Teodosio los suprimió por considerarlos contrarios a la moral cristiana.

LOS JUEGOS MODERNOS

A finales del siglo XIX, el francés Pierre Fredy, **BARÓN DE COUBERTIN**, pensó que sería una buena idea rescatar la tradición olímpica. Para él, no solo era importante lo deportivo, sino que veía los Juegos como una oportunidad para la paz y la hermandad entre las naciones del planeta. En 1894 consiguió fundar el **COMITÉ OLÍMPICO INTERNACIONAL** (COI), que hizo célebres dos lemas: «Lo importante no es vencer, sino participar» y *Citius, Altius Citius* (más rápido, más alto, más fuerte).

TIENES QUE SABER...

El símbolo más conocido de los Juegos Olímpicos es el de los **ANILLOS OLÍMPICOS**. Son cinco, que representan a los cinco continentes (aunque cada color a ninguno en concreto). Forman parte del escudo de Lausana, la sede del COI, en Suiza. También es importante que sepas que, además de los Juegos Olímpicos de Verano, existen los **PARALÍMPICOS** (unos meses después de aquellos) y los Juegos Olímpicos de Invierno, intercalados dos años después de los de verano. ¡En estos se practican los deportes de nieve y hace más frío!

EN CRECIMIENTO

Los primeros Juegos Olímpicos de la edad moderna fueron en 1896, en Atenas. Desde entonces, han ido creciendo y suponen todo un **ACONTECIMIENTO** en la ciudad en la que se celebran, a la que suelen transformar por completo, no solo durante un tiempo, sino para siempre. Se construyen estadios, se mejoran infraestructuras... Y para los deportistas, ser **MEDALLISTAS OLÍMPICOS** es lo más importante que les puede pasar, ¡todo un sueño!

El reconocimiento de los PREMIOS NOBEL

Buena parte de los hechos decisivos que recogemos en estas páginas están unidos a nombres muy famosos. Desde el inicio del siglo XX, existe un galardón que reconoce la excelencia en determinadas disciplinas del saber: el Premio Nobel. Existen muchos premios, pero ninguno como este para conocer quiénes son los genios que nos permiten avanzar. Su historia es la crónica de la humanidad del último siglo.

ALFRED NOBEL

Los Premios Nobel fueron una creación de **ALFRED NOBEL**, un empresario e ingeniero sueco que logró una gran fortuna gracias a sus inventos. Sobre todo, por uno de ellos: la **DINAMITA**. Sin embargo, se sintió apenado por el daño que el uso militar de este potente explosivo, y por cómo sería recordado. Cuando leyó que un periódico le definía como «el mercader de la muerte», empezó a amasar una idea. Dispondría casi la totalidad de su inmensa fortuna para que, cada año, se concediese una serie de premios para quienes hubiesen logrado el **MAYOR BENEFICIO A LA HUMANIDAD** el año previo. En su testamento, dejó marcado que la Fundación Nobel se encargaría de perpetuar su legado.

¡AY! QUÉ PENSARÁN DE MÍ...

Los premiados suelen dar un gran discurso en la ceremonia de entrega.

CAMPOS DEL SABER

Alfred Nobel creó premios en cinco campos: **Física, Química, Fisiología o Medicina, Literatura y Paz.** Los cuatro primeros se entregan en Estocolmo, y el cuarto en Oslo, la capital de Noruega. En 1968, el Banco Central sueco donó dinero a la Fundación Nobel para la creación del Premio Nobel de **Economía**. Los ganadores se llevan una medalla de oro, un diploma y una cantidad cercana al millón de euros. ¡Una gran recompensa por su gran esfuerzo!

FÍSICA

QUÍMICA

MEDICINA

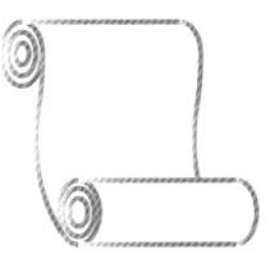

LITERATURA

PAZ

ECONOMÍA

LOS MÁS LAUREADOS

La **Cruz Roja** es el organismo más premiado, el único que ha logrado tres galardones. Además, su fundador, Henri Dunant, obtuvo el Nobel de la Paz en la primera edición, en 1901. Tres personas lo han logrado en dos ocasiones (Marie Curie, Linus Pauling, John Bardeen y Frederick Sanger). Algunas disciplinas que quedaron fuera de los Nobel también han creado sus grandes premios. Por ejemplo, en **Matemáticas** se concede el Premio Abel y la Medalla Fields. En **Arquitectura**, el Premio Pritzker.

Malala Youszafai es la persona más joven en recibir un Nobel, por su defensa del derecho a la educación de las niñas.

ALFRED NOBEL

POLÉMICAS

Como en todos las decisiones, hay quienes piensan que unos premios son más merecidos que otros. Muchos científicos o escritores de reconocido prestigio no recibieron nunca este galardón. También, como síntoma de la sociedad de su tiempo, estos premios olvidaron a menudo a las **mujeres**. Sin embargo, no se puede negar el prestigio y la calidad del Premio Nobel. Quien lo reciba **pasará a la historia**, tanto por lo que haya logrado en su campo de saber como por la historia de los que le precedieron.

Llegan el TELÉFONO y la TELEVISIÓN

La comunicación entre las personas es fundamental para crear una sociedad mejor y con más puntos en común. En el siglo xx se desarrollaron dos sistemas que permitieron que las personas se sintieran más cerca unas de otras, pese a la distancia. El teléfono y la televisión permitieron que el mundo fuera, esta vez sí, un pañuelo.

El teléfono permite sentir cerca a personas que están lejos.

El primer teléfono (rudimentario) lo inventó en 1854 en Estados Unidos el italiano **Antonio Meucci**; lo llamaba «telégrafo parlante». Pero no tenía dinero para patentarlo y pasó bastante desapercibido. Sí lo hizo años después el escocés Alexander Graham Bell, cuya compañía mejoró el invento. En 1892 ya se había unido Nueva York con Chicago por línea telefónica y, desde entonces, se fueron construyendo más líneas, tanto en Norteamérica como en Europa. **Al principio era un lujo** para gente adinerada, pero poco a poco fue llegando a todos.

A Meucci le reconocieron su invento más de un siglo después de su muerte.

¡YO SOY EL TATARABUELO DE TU TELÉFONO!

UN AVANCE IMPARABLE

Durante décadas, la comunicación no era directa, sino que primero había que llamar a una **CENTRALITA** para pedir que le conectasen con el número de otra persona con teléfono. Con el tiempo, todo se fue automatizando. Además, desapareció la necesidad de cables y los teléfonos fueron cada vez más pequeños. Hoy, los **TELÉFONOS INTELIGENTES** sirven para múltiples funciones: hablar, tomar fotos, grabar vídeos, pagar, escuchar música, ver películas...

Y YO EL BISABUELO DE TU SERIE FAVORITA.

EMPEZANDO A TRANSMITIR

El primer televisor comercial fue creado en 1926 por el escocés **JOHN LOGIE BAIRD**. Poco después empezaron las primeras emisiones públicas de televisión, por parte de la BBC en Inglaterra. Este canal fue el primero en transmitir de forma regular, con una **PROGRAMACIÓN**, en 1936. Otros países crearon sus televisiones, pero la Segunda Guerra Mundial obligó a parar las emisiones, siempre en blanco y negro. Tras la contienda, la televisión despegó y los televisores se fueron haciendo más baratos, más grandes, más ligeros y a color.

INVENTOS PARA VIVIR MEJOR

El teléfono y la televisión han experimentado tantos avances que en nada se parecen a lo que fueron sus inicios. Hoy podemos ver la televisión en el teléfono y hablar con otros desde el televisor. Pero, más allá de los avances técnicos, estos inventos han **MEJORADO LA VIDA** de millones y millones de personas. La televisión permite conocer mejor el mundo y asomarse a otras realidades alejadas de la nuestra. El teléfono nos permite comunicarnos con quienes no están a nuestro lado. Por supuesto, su mal uso conlleva ciertos riesgos, pero en un balance los beneficios son mucho mayores. Si **ERES RESPONSABLE**, ¡los disfrutarás toda tu vida!

La televisión sirve de compañía a muchas personas que están solas.

Los avances en higiene y MEDICINA

En nuestro tiempo resulta normal ver a personas con 80 o 90 años de edad. ¡A veces, incluso más! Pero, hasta bien entrado el siglo XX, lo normal era morir más joven. Se estima que, en los países occidentales, la esperanza de vida a finales del siglo XIX apenas llegaba a los 50 años. Pero desde entonces, todo empezó a cambiar. ¿Por qué? Apuntemos esta palabra: higiene.

SOBREVIVIR Y VIVIR

Durante siglos y siglos, nacer era una actividad de riesgo, tanto para la madre como para el bebé. Se daba a luz generalmente en las casas, con poca o ninguna **ASISTENCIA MÉDICA**. ¡Y podían surgir complicaciones! Además, los pequeños podían no llegar a adultos, porque el **SISTEMA INMUNOLÓGICO** (el que nos defiende contra las enfermedades) necesita tiempo para madurar. Para que nos hagamos a una idea, antes de la Revolución Industrial, tres de cada cuatro niños (o más, según cada país) no llegaban a los cinco años de edad. Les rodeaban enfermedades y peligros que ahora no existen.

LAS VACUNAS

A finales del siglo XVIII, un médico inglés llamado **EDWARD JENNER** creó la primera vacuna conocida, contra la viruela. Por entonces era una enfermedad muy extendida y mortal en toda Europa. Logró su vacuna tomando muestras de la viruela de las vacas, mucho más leve, y la inyectaba en pacientes sanos. Así empezaron las vacunas, que desde entonces han **SALVADO LA VIDA** de cientos de millones de personas.

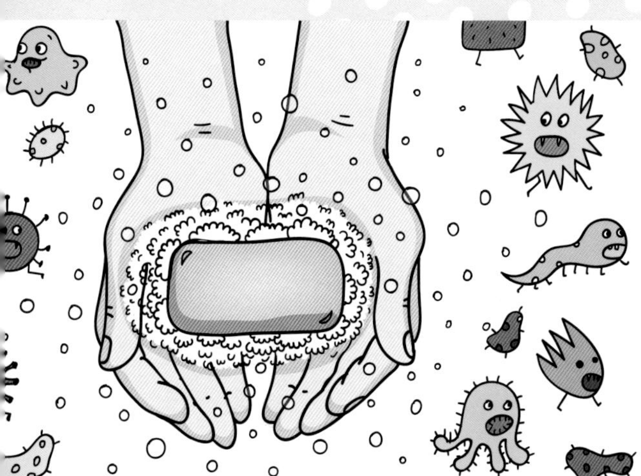

EL PEQUEÑO MUNDO DE LOS GÉRMENES

Uno de los primeros grandes avances médicos fue el reconocimiento de la **HIGIENE** como un factor vital. Mucho le debemos a **IGNAZ SEMMELWEIS**, un médico húngaro que descubrió que, tan solo con **LAVARSE LAS MANOS** antes de asistir al parto, se reducía a menos de la mitad el número de madres que fallecían. Logró aplicarlo en su hospital, pero la comunidad científica no le creyó. Lo que Semmelweis había descubierto era que unas pequeñas e invisibles partículas («los gérmenes») podían acabar con nosotros.

La mejora de los instrumentos científicos, como el microscopio, también ayudó al avance de la medicina.

OTRO GRAN PASO

La siguiente generación de vacunas se la debemos a **LOUIS PASTEUR**, un científico francés que entendió como nadie hasta entonces cómo se transmitían las enfermedades infecciosas. No solo fabricó varias vacunas, sino que desarrolló la **ESTERILIZACIÓN**, es decir, cómo tratar los alimentos de manera que se eliminen los gérmenes que contienen y pueden dañarnos, y además sin eliminar sus propiedades beneficiosas. Es lo que hoy llamamos pasteurización.

AVANCES PARA CURARNOS

La medicina avanzó en la **PREVENCIÓN** de las enfermedades. Pero también, y mucho, en el **TRATAMIENTO** de las mismas. Quizá el impulso más destacado fue el de los antibióticos, unos medicamentos capaces de matar a las bacterias dañinas que entran en nuestro cuerpo. El primer antibiótico fue la penicilina, descubierto por el médico británico **ALEXANDER FLEMING** en 1928. Con solo tomar la dosis adecuada de antibióticos millones de personas se salvan de morir por infecciones.

Alexander Fleming

El espacio y el tiempo de EINSTEIN

Seguro que has visto muchas fotografías suyas y lo reconoces a la primera. Albert Einstein es, con toda probabilidad, el científico más famoso de la historia. Y con justicia, porque es uno de los mejores. Gracias a él, la ciencia pudo entender la física mejor. Si algún día viajamos por el tiempo y por el espacio, ¡será porque él nos inspiró!

$E = mc^2$

La ecuación más famosa de Einstein: Es la energía que posee una partícula en reposo, simplemente porque tiene masa. Y, como la velocidad de la luz (c) es muy grande, ¡esta energía es tremendamente grande!

ABURRIRSE PUEDE SER BUENO

Albert Einstein era un joven **FÍSICO ALEMÁN** que trabajaba en una oscura oficina de Berna, en Suiza. Era un empleo de lo más aburrido, pero tenía una cosa buena: le dejaba tiempo para sus cosas. Y entre «sus cosas» se encontraba crear una teoría que iba a revolucionar la Física, y casi el mundo: la **TEORÍA DE LA RELATIVIDAD ESPECIAL.** Tenía solo 26 años y había explicado como nadie cuestiones como la dilatación del tiempo y la contracción del espacio. ¡Ahí tienes!

ESPACIO-TIEMPO

En 1915 siguió asombrando al mundo con la publicación de su **TEORÍA DE LA RELATIVIDAD GENERAL**, en la que jugaba con el concepto de gravedad y la noción de la curvatura del espacio-tiempo. ¿Complicado? Puede parecerlo, pero los expertos destacan la elegancia y la sencillez con que explica todo. Gracias a Einstein, podemos soñar con **VIAJES EN EL TIEMPO Y EN EL ESPACIO** que parecen solo para la ciencia ficción.

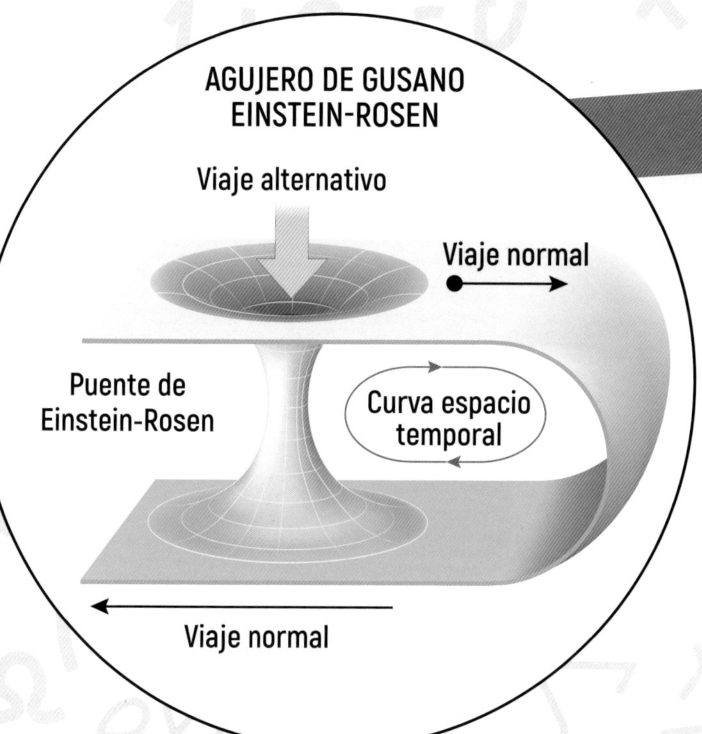

VIAJES INCREÍBLES

Gracias a las teorías de Einstein (y otros) se cree que se podría viajar de un punto a otro del universo atravesando un **AGUJERO NEGRO.** Es solo una hipótesis, claro, porque además... ¿Quién puede atravesar un agujero negro y luego contarlo? También se cree que si una persona fuera capaz de salir de la Tierra y viajar unos días **A LA VELOCIDAD DE LA LUZ**, cuando regresase aquí habrían pasado muchos años. Podría conocer a sus tataranietos, ¡por ejemplo! Lo malo es que no podemos viajar a tal velocidad... ¡Al menos por ahora!

CIENTÍFICO UNIVERSAL

Curiosamente, Einstein ganó el Premio Nobel por sus explicaciones sobre el **EFECTO FOTOELÉCTRICO**, no por las famosas teorías de la relatividad. Einstein ha pasado a la historia no solo como científico, sino por ser tremendamente popular. Era judío y tuvo que abandonar Alemania por la persecución de los nazis. Sus teorías ayudaron a la creación de la bomba atómica, pero siempre se declaró a favor de la paz, del humanismo y de la libertad de las personas en cualquier circunstancia. Fue, sin duda, uno de los **ICONOS DEL SIGLO XX.**

El papel del ADN y la GENÉTICA

Aunque la ciencia ha avanzado mucho en las últimas décadas, seguro que habrá más descubrimientos revolucionarios en un futuro próximo. Y se espera que muchos de ellos se den en el campo de la genética, una rama de la ciencia que empezó hace poco más de un siglo y que promete avances espectaculares. ¡Es importante que le dediquemos tiempo y recursos!

El ADN contiene las instrucciones genéticas que cualquier ser vivo necesita para crecer y funcionar.

EL PIONERO

El fraile y naturalista Gregor Mendel fue el primero en hablar de la **«HERENCIA GENÉTICA»** tras sus ensayos (en apariencia sencillos y que podrías atreverte a repetir en casa) con diferentes **VARIEDADES DE GUISANTES**. Él descubrió (aunque de manera indirecta) lo que son los genes y en lo que nos afectan. Publicó sus trabajos en 1866, pero como sucede en ocasiones, fueron bastante ignorados por la comunidad científica. Sus tres «Leyes de Mendel» de la herencia genética se rescataron a principios del siglo XX, y sirvieron de base para una disciplina que iba a cambiar por completo la ciencia: la genética.

Gregor Mendel

LOS TEST DE ADN

En prácticamente todas las partes de nuestro cuerpo encontramos **GENES**, que están formados por segmentos de ADN y ARN. Cuando a alguien se le hace una prueba de ADN, se suele pedir una muestra de sangre, saliva, pelos o trozos de piel, porque de ahí se puede extraer con facilidad. Los análisis de ADN nos permiten **CONOCER INFORMACIÓN** sobre nuestros antepasados y sobre posibles enfermedades que podemos desarrollar.

PEQUEÑOS, PERO FUNDAMENTALES

La genética tiene **GRANDES APLICACIONES** en salud, ya que puede predecir y curar enfermedades. Y solo estamos al principio de sus capacidades. Además, ayuda y mucho a policías y jueces, ya que aporta pruebas importantísimas en **DELITOS Y CRÍMENES**. Los investigadores pueden demostrar si una persona ha estado en el lugar del crimen con tan solo analizar el ADN, si se encuentran rastros.

Franklin también recibe hoy el reconocimiento de la comunidad científica. ¡La ciencia es un trabajo de equipo!

Watson y Crick fueron dos de los investigadores que más contribuyeron al conocimiento del ADN.

GRANDES CIENTÍFICOS

En 1953 James D. Watson y Francis Crick descubrieron que la estructura del ADN es una **DOBLE HÉLICE**. Ganaron el Premio Nobel de Fisiología y Medicina en 1962 (aunque no se lo dieron a su colaboradora, Rosalind Franklin). Estas investigaciones permitieron comprender cómo se copia y se transmite, de una generación a otra, la **INFORMACIÓN HEREDITARIA** del ser humano.

Rosalind Franklin

La CRISIS ECONÓMICA de 1929

Desde mediados del siglo XIX, aproximadamente, el mundo occidental se basa en una economía capitalista, sostenida en la producción y consumo de bienes. Este sistema ha dado grandes frutos, pero también, grandes problemas. Quizá el principal fue esta crisis, conocida como la Gran Depresión. Millones de personas pasaron penurias y hambre tan solo porque el sistema les había fallado, y no tenían dónde buscar ayuda.

PRICE
5
8
20
100

CAPITALISMO

Después de la Primera Guerra Mundial (1914-1918) comenzaron los famosos **«Felices Años Veinte»**. La llegada de la paz, las ganas de volver a disfrutar, junto con el aumento de los bienes de consumo, propiciaron unos años de **RELATIVA PROSPERIDAD**. Pero no todo el mundo se benefició. Muchas personas que vivían del campo tuvieron que irse a la ciudad, donde las fábricas daban mucho trabajo, pero de poca calidad y mal pagado. El mundo entró en un periodo **MUY CONSUMISTA**, en el que se producían más bienes de los que realmente se podían pagar. Y, sobre todo, empezó a ser habitual un juego muy peligroso: el de la especulación en Bolsa.

LOCA INFLACIÓN

En otras partes del mundo, sobre todo en Alemania, el dinero **PERDÍA SU VALOR** en semanas. Lo que un día valía 20, al día siguiente valía 30. ¡Los billetes se fabricaban a millones, pero en realidad **NO VALÍAN NADA**! Es lo que se llama inflación: fue una de las causas de esta gran crisis.

ASÍ NO SE PODÍA SEGUIR

En Estados Unidos, sobre todo, muchas personas empezaron a **INVERTIR EN BOLSA DE VALORES**. Parecía una forma fácil de hacerse rico. Se compraban acciones de una empresa, para luego vendérselas a otros por mucho más dinero. Era tan rentable que, aunque no se tuviera dinero, se **PEDÍAN PRÉSTAMOS** a los bancos para comprar acciones. Además, las fábricas producían muchos objetos, más de los necesarios, y empezaban a acumularse en los almacenes porque ni eran necesarios ni había dinero para comprarlos. Todo estaba tomando un aspecto bastante **INSOSTENIBLE**

EL CRAC DEL 29

Todo se resumía en que se quería ganar dinero sin trabajarlo de verdad. El jueves 24 de octubre de 1929 se produjo el crac de la bolsa de **WALL STREET**, en Nueva York. Miles de inversores se arruinaron, miles de empresas cerraron y millones de personas **SE QUEDARON SIN TRABAJO**, tanto en la ciudad como en el campo. La pobreza afectó igual a campesinos, empleados, profesionales y empresarios. Y de Estados Unidos se extendió a **GRAN PARTE DEL PLANETA**.

¿CÓMO SE SOLUCIONA ESTO?

El presidente de EE.UU., Franklin Roosevelt, creó un plan para sacar a su país de la crisis.

¿HEMOS APRENDIDO?

Esta situación se extendió durante muchos años, por lo que a ese periodo se lo llamó la **GRAN DEPRESIÓN**. La pobreza dio alas, en algunos países, a partidos políticos muy nacionalistas y agresivos, lo que provocó la Segunda Guerra Mundial. Pese a que el mundo tenía la capacidad de producir alimentos para todos, fueron muchos los que **MURIERON DE HAMBRE**. Cuando se superó la crisis y la guerra, en muchos países se buscó crear un «estado del bienestar», en el que se protegiese a los más débiles. Siempre es bueno aprender de los errores, así que conviene **CONOCER NUESTRA HISTORIA** para estar atentos y no caer de nuevo en lo mismo.

Las TRANSFUSIONES sanguíneas

Que los humanos podamos «compartir» nuestra sangre es algo que ha salvado millones de vidas. Cuando una persona pierde mucha sangre, ya sea por un accidente o por una operación quirúrgica, se puede reponer la sangre perdida con la de otra persona. Pero, ¡ojo!, solo si es compatible, algo que no siempre se ha sabido. El descubrimiento de los grupos sanguíneos resultó vital.

La sangre extraída se separa luego en tres componentes: plasma, glóbulos rojos y plaquetas.

LOS ORÍGENES

Los intentos de transfusiones vienen desde antiguo. Se habla de que los aztecas (en el antiguo México) se pasaban la sangre de unos a otros. Pero la primera transfusión de la que tenemos constancia fue en 1667. Un médico inglés transfirió a un paciente sangre... **¡DE CORDERO!** El paciente, claro, murió, y se prohibió su práctica. Sin embargo, en el siglo XIX, ya con mayores conocimientos, se intentó de nuevo. A finales de ese siglo, en algunos países avanzados, ya se hacían **DONACIONES** y había **BANCOS DE SANGRE.** Eran de valiosa ayuda, pero... Aunque esas transfusiones no siempre salían bien.

¡PREFIERO DAR LANA QUE SANGRE!

UN CIENTÍFICO GENIAL

Hasta 1901 no se averiguó por qué había un alto grado de transfusiones que salían mal. El médico austriaco **Karl Landsteiner** descubrió que existían diferentes tipos de sangre. En concreto, diferenció **CUATRO TIPOS** de glóbulos rojos, a los que llamó A, B, AB y 0 (cero), que tienen que ver con unas moléculas llamadas **ANTICUERPOS**. Un paciente con un tipo de sangre no puede recibir otro tipo de sangre, la rechazará y posiblemente morirá. Por esto, Landsteiner consiguió el Nobel de Medicina.

INVESTIGAR ES VER DONDE ANTES ESTABA OSCURO.

PERO AÚN HABÍA MÁS...

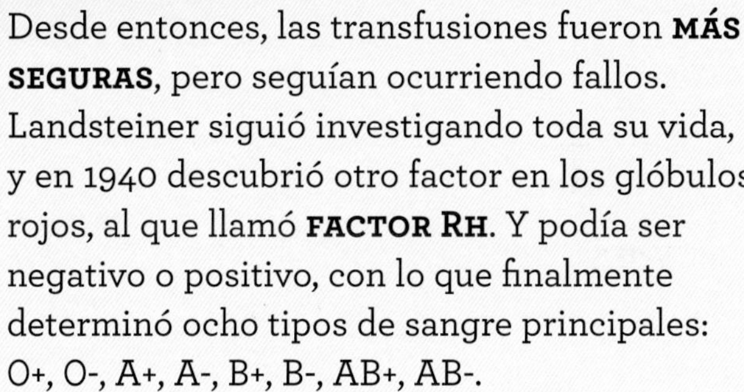

Desde entonces, las transfusiones fueron **MÁS SEGURAS**, pero seguían ocurriendo fallos. Landsteiner siguió investigando toda su vida, y en 1940 descubrió otro factor en los glóbulos rojos, al que llamó **FACTOR RH**. Y podía ser negativo o positivo, con lo que finalmente determinó ocho tipos de sangre principales: 0+, 0-, A+, A-, B+, B-, AB+, AB-.

DONACIÓN DE SANGRE

La consolidación de las transfusiones sanguíneas llevó a que cada vez se creasen más y más **BANCOS DE SANGRE**. Durante la Guerra Civil Española y la Segunda Guerra Mundial se atendieron a soldados heridos en los frentes de batalla con bancos de sangre móviles, con los que se salvaron millares de vidas. En la actualidad, donar sangre se ha convertido en un hábito para millones de personas, que ofrecen su valiosa sangre para pacientes anónimos. Es un acto de **GENEROSIDAD Y SOLIDARIDAD** que mejora la vida de muchos. ¡Anímate y, de mayor, hazte donante de sangre!

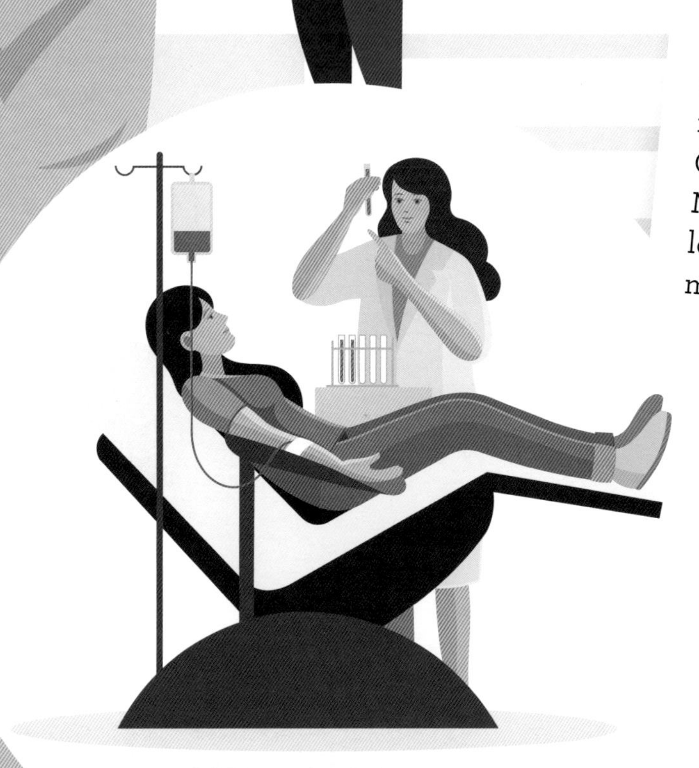

Una nueva vida: los TRASPLANTES

Se hace un trasplante cuando un órgano, miembro o tejido enfermo se sustituye por otro que funciona correctamente. En la actualidad es una técnica muy desarrollada, que mejora y salva vidas a millones de personas. La ciencia ha proporcionado los avances como para que hoy un trasplante sea algo seguro. Y no debemos de olvidarnos de la generosidad de quienes donan sus órganos.

¡DADME UNA NUEVA VIDA!

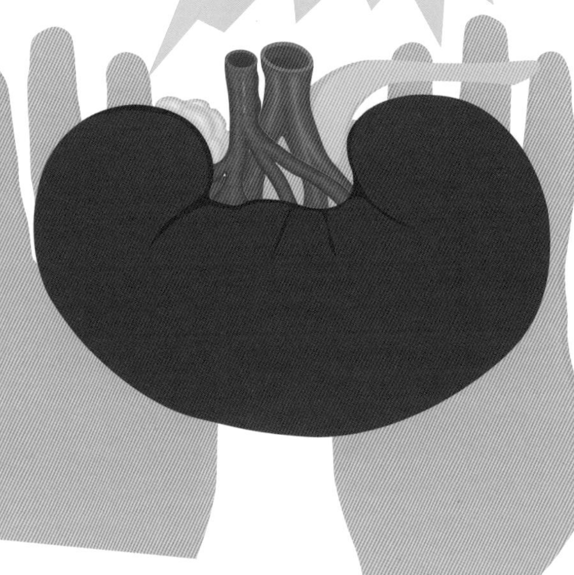

EL BUEN OJO

Desde la Antigüedad existen noticias de intentos de trasplantes, pero como podemos imaginar resultaban **MUY DEFICIENTES**. Hasta principios del siglo XX no se avanza en medicina lo suficiente como para conseguir trasplantes seguros. El primero entre humanos fue uno de **CÓRNEA** (la parte frontal transparente que cubre el ojo) en 1905. La córnea de un niño se implantó a una persona que se había quemado el ojo... ¡y recuperó la visión! No es ciencia ficción, sino solo ciencia.

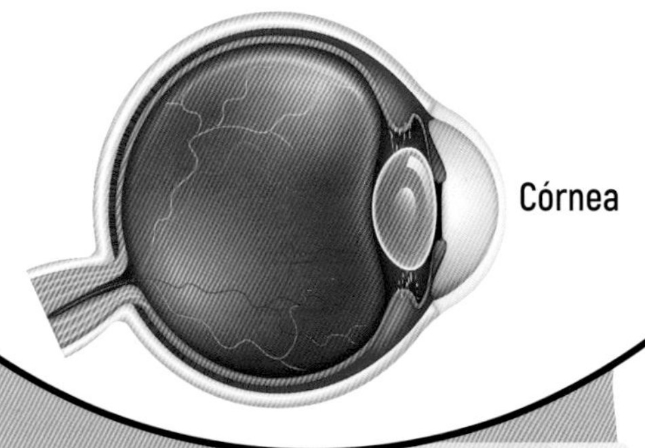

PRIMERO, EL RIÑÓN

Pero el de córnea era un trasplante «pequeño». En 1933, un médico logró el primer trasplante de riñón, aunque el paciente falleció a los pocos días. ¿Por qué? En ese caso, como en muchos otros, el problema era que el cuerpo no reconocía al nuevo órgano como propio y lo **RECHAZABA**. La medicina intentó avanzar en ese frente.

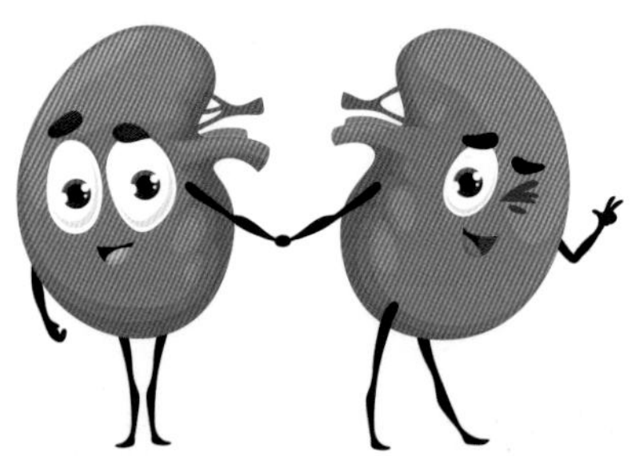

AVANCE FUNDAMENTAL

Durante la década de los años 50, se avanzó en la **INVESTIGACIÓN INMUNOLÓGICA**. En Boston (Estados Unidos), en 1958, se realizó un trasplante utilizando dosis de inmunosupresores. ¿Qué es un **INMUNOSUPRESOR**? Es un fármaco capaz de evitar que el cuerpo rechace a un «invasor». Bloquea la respuesta del **SISTEMA DE DEFENSA** (la misma que nos protege de otros invasores, como el virus de un constipado, por ejemplo). Es un medicamento muy útil no solo para los trasplantes, sino para otras enfermedades que sufre nuestro cuerpo.

En la actualidad, ya se ha logrado trasplantar extremidades y el rostro. ¡Pero no el cerebro!

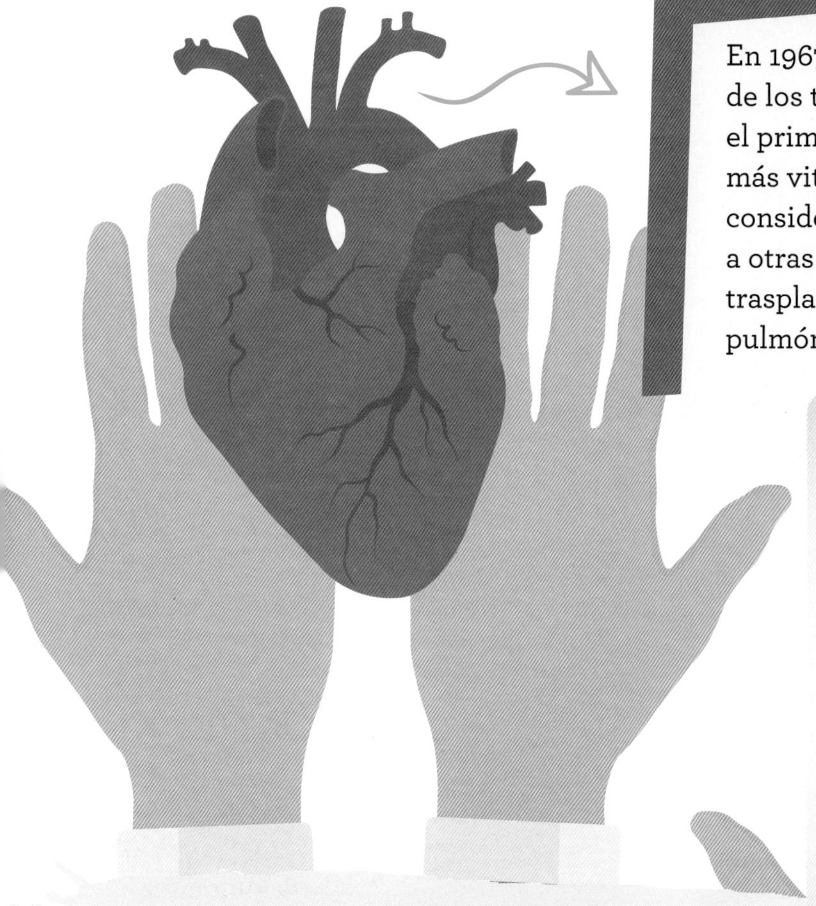

DE TODO CORAZÓN

En 1967, en Sudáfrica, sucedió un hito en la historia de los trasplantes. El doctor Christiaan Barnard logró el primer **TRASPLANTE DE CORAZÓN**, nuestro órgano más vital. Aunque el paciente falleció a los 17 días, se consideró un éxito que abrió la puerta a **SALVAR LA VIDA** a otras personas. Otros órganos o tejidos que se suelen trasplantar con éxito son la médula ósea, el hígado, el pulmón, el páncreas, el intestino o la piel.

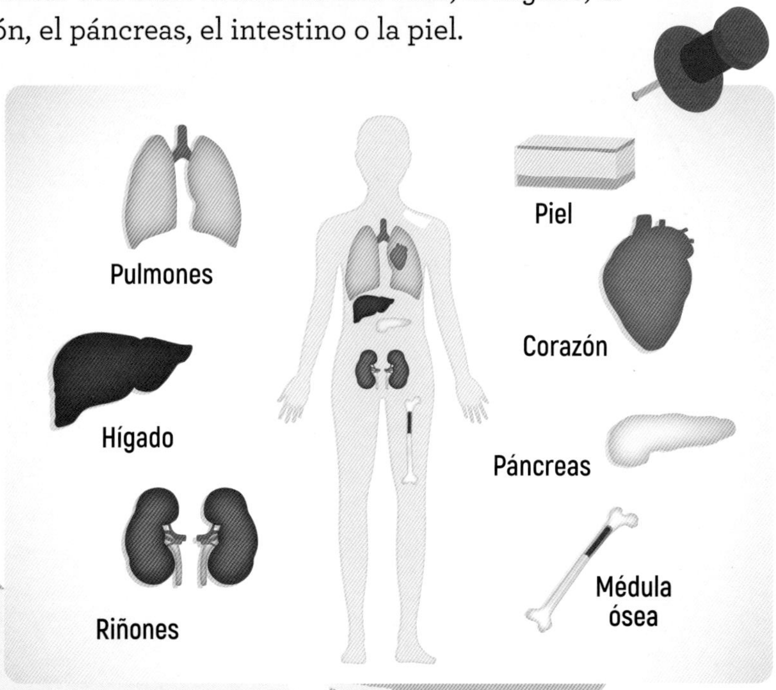

Pulmones

Piel

Corazón

Hígado

Páncreas

Riñones

Médula ósea

UNA GRAN SOLIDARIDAD

En un trasplante intervienen dos partes: el que recibe el órgano (**RECEPTOR**) y el que lo da (**DONANTE**). En este último caso, si es un órgano vital, suele ser una persona que ha fallecido y cuyos familiares (o esa misma persona, en su testamento) deciden donarlo. Es una cuestión de **SOLIDARIDAD**: con la muerte de una persona, se puede salvar a otra. ¡Muchas gracias a todas esas personas y familias que piensan en los demás!

La lucha de Rosa PARKS y Martin LUTHER KING

Hablábamos antes del fin de la esclavitud (ver pág. 32). Pero eso no acabó con el racismo, es decir, que algunas personas, por el color de su piel o por su procedencia, tengan menos derechos que otras o sean menos respetadas. Por desgracia, eso siguió (y sigue) sucediendo, pero a mediados del siglo XX algunos ciudadanos decidieron alzar su voz para hacer visible el problema.

UN GRAN PROBLEMA

En Estados Unidos, a mediados de la década de 1950, comenzó el «**MOVIMIENTO POR LOS DERECHOS CIVILES**». Estaba encabezado por Martin Luther King, que se hizo famoso por su defensa de los derechos de la población negra. Estaba respaldado por cientos de miles de ciudadanos que ya estaban cansados de la **SEGREGACIÓN RACIAL** que sufrían. Es decir, que los mantenían separados de las personas de piel blanca, tanto en derechos como físicamente. Además, no podían acceder a muchos recintos públicos, eran ciudadanos de segunda clase. El país avanzaba como ningún otro, pero sus derechos no.

En 1963, Luther King pronunció un discurso que empezaba por la famosa frase «Yo tengo un sueño».

AMOR POR ODIO

La lucha encabezada por Martin Luther King dio pronto sus frutos, ya que el apoyo masivo que obtuvo provocó que el gobierno estadounidense cambiase las leyes. En 1964 le concedieron el **Premio Nobel de la Paz** por combatir el racismo sin el uso de la violencia, como uno de sus inspiradores, el indio **Mahatma Gandhi**. Sin embargo, a él lo asesinaron en 1968. No quedó claro quién lo hizo, pero sí que fue por odio racial.

UNA GRAN LUCHADORA

Uno de los hechos que dio inicio a este movimiento fue el incidente del autobús de **Rosa Parks**, en 1955. Esta mujer negra se negó a dejarle su asiento del autobús a un pasajero blanco (¡estaba «obligada» a ello!). Como castigo, la llevaron a la cárcel. A otras personas les había pasado lo mismo, pero su caso fue el más publicitado y Parks se convirtió, desde entonces, en un icono de la **defensa de los derechos** de los afroamericanos.

EL RACISMO, HOY

En la actualidad todavía hay racismo en Estados Unidos y en otros países del mundo, y de unas comunidades hacia otras. Sin embargo, gracias a la lucha de Luther King, Parks y tantos otros, se ha avanzado mucho. La justicia de prácticamente todos los países del mundo **prohíbe las prácticas racistas** y las sociedades están concienciadas contra él, aunque no siempre lo cumplan en su totalidad. Hoy, otros movimientos emergentes como el **BlackLiveMatters** denuncian que los casos de racismo aún persisten.

¡NO AL RACISMO!

La Declaración Universal de los DERECHOS HUMANOS

La Segunda Guerra Mundial (1939-1945) fue uno de los peores periodos en la historia de la humanidad. Durante seis años ocurrieron todo tipo de atrocidades que nadie deseaba que se volvieran a repetir. Al acabar el conflicto, se creó la Organización de las Naciones Unidas (ONU). Uno de sus primeros cometidos fue redactar un documento en el que se recogiesen los derechos humanos considerados básicos y universales.

El ARTÍCULO 1 dice: «Todos los seres humanos nacen libres e iguales en dignidad y derechos y, dotados como están de razón y conciencia, deben comportarse fraternalmente los unos con los otros».

ANTECEDENTES

El 10 de diciembre de 1948 se firmó en París este tratado. Su inspiración más cercana era la **Declaración de Derechos del Hombre y del Ciudadano** de 1789, escrita durante la Revolución Francesa (ver pág. 28).

¿SABÍAS QUÉ...?

Según el **Libro Guinness de los Récords**, este es el documento traducido a más idiomas en el mundo (en 2004 se había traducido a más de 330).

El texto fue encargado a un comité presidido por la norteamericana **Eleanor Roosevelt**. Por entonces había 56 miembros en las Naciones Unidas y ninguno votó en contra de la Declaración, aunque países como Sudáfrica, Arabia Saudita y la Unión Soviética se abstuvieron. Tiene 30 artículos, en el que se enumeran **DERECHOS CIVILES, POLÍTICOS, SOCIALES, ECONÓMICOS Y CULTURALES.**

¿TODO ESTO HAY QUE APRENDERSE?

Eleanor Roosevelt, política, escritora y defensora de los derechos humanos.

CON LÍMITES

Por desgracia, esta Declaración no es un documento obligatorio o vinculante para los Estados. Es decir, es más **UNA GUÍA** que algo que deban cumplir legalmente. Sin embargo, varios países incluyen en sus **CONSTITUCIONES** que se respetará el contenido de la Declaración. En muchos países no se respetan los Derechos Humanos y tenemos que ser conscientes de ello. ¡Todos los seres humanos debemos compartir unos valores esenciales!

En la actualidad, 193 países integran la ONU.

La caída del MURO DE BERLÍN

El siglo XX fue un periodo convulso. Debido a los avances científicos y tecnológicos, el mundo se hizo más pequeño e interconectado, pero también más peligroso e inestable. Se sucedieron las guerras y dos de ellas fueron mundiales. El planeta quedó dividido en dos grandes bloques y surgió la Guerra Fría. El Muro de Berlín fue el símbolo de su auge, pero también de su caída.

GUERRAS CALIENTES Y FRÍAS

Entre 1939 y 1945 tuvo lugar el peor conflicto armado de la historia de la humanidad: la **SEGUNDA GUERRA MUNDIAL**. La Alemania nazi llevó al mundo a una situación extrema, millones de personas murieron y ciudades enteras fueron arrasadas. Cuando terminó la contienda, el mundo no volvió a ser el mismo. Estados Unidos y la Unión Soviética se alzaron como **DOS GRANDES SUPERPOTENCIAS**, opuestas además en todos los frentes: ideológico, económico y militar. No se luchaba con armas, pero la tensión era alta: hablamos de la Guerra Fría.

UNA CIUDAD DIVIDIDA

El punto más caliente de la Guerra Fría estaba en Berlín, la **ANTIGUA CAPITAL** de Alemania, nación que quedó dividida en dos países: al oeste la República Federal y al este, la Democrática, bajo el control soviético. Y en el mismo Berlín se construyó un muro que separaba físicamente las dos zonas, ya que gran parte de los ciudadanos prefería vivir en el oeste e iban abandonando la zona este. Familias enteras quedaron divididas y no volvieron a verse. Intentar cruzar el Muro **PODÍA COSTAR LA VIDA**. En el corazón de una Europa que quería ser ejemplo de libertad, era todo un motivo de vergüenza. Y así se le conocía también: el **MURO DE LA VERGÜENZA**.

¿CÓMO SE HIZO?

El muro rodeaba Berlín Oeste y medía unos **155 KM DE PERÍMETRO**. Fue levantado por sorpresa la noche del 13 de agosto de 1961. Primero era una alambrada con púas, y poco a poco se fue «mejorando» con grandes **BLOQUES DE HORMIGÓN** de 3,5 metros de altura. Miles de soldados lo vigilaban para evitar fugas, siempre del este hacia el más avanzado oeste.

LOS DOS BLOQUES

El muro se convirtió en el símbolo de ese mundo partido en dos: el **CAPITALISMO** occidental y el **COMUNISMO** soviético. Con los años, la economía de todo el bloque soviético fue decayendo y también su sociedad se cansó de la **FALTA DE LIBERTADES**. La Unión Soviética se fue abriendo a algunos cambios que casi eran inevitables.

AL FIN, EL FIN

El 9 de noviembre de 1989, 28 años después de su construcción, los ciudadanos de Berlín Este, hartos de esperar que las autoridades permitieran ya el paso, decidieron en masa **ESCALAR Y DERRUMBAR** el muro por sus propios medios. Nadie los detuvo porque era intentar evitar lo inevitable. Al otro lado los esperaban con alegría y abrazos. Se abría así no solo el Muro, sino una **NUEVA ETAPA** en Alemania, en Europa y en todo el planeta.

La CLONACIÓN de la oveja Dolly

El 23 de febrero de 1997 nos levantamos en un mundo más de ciencia ficción que el día anterior. Ese día se anunció la existencia (en realidad, había nacido siete meses antes) de la oveja Dolly, el primer mamífero clonado a partir de una célula. Es decir, ¡una copia exacta de otro animal! Los mamíferos somos animales grandes y complejos, así que abrir la puerta a esta posibilidad implicaba muchas esperanzas…¡y responsabilidades!

UTILICEMOS LA CIENCIA PARA AVANZAR Y CON RESPONSABILIDAD.

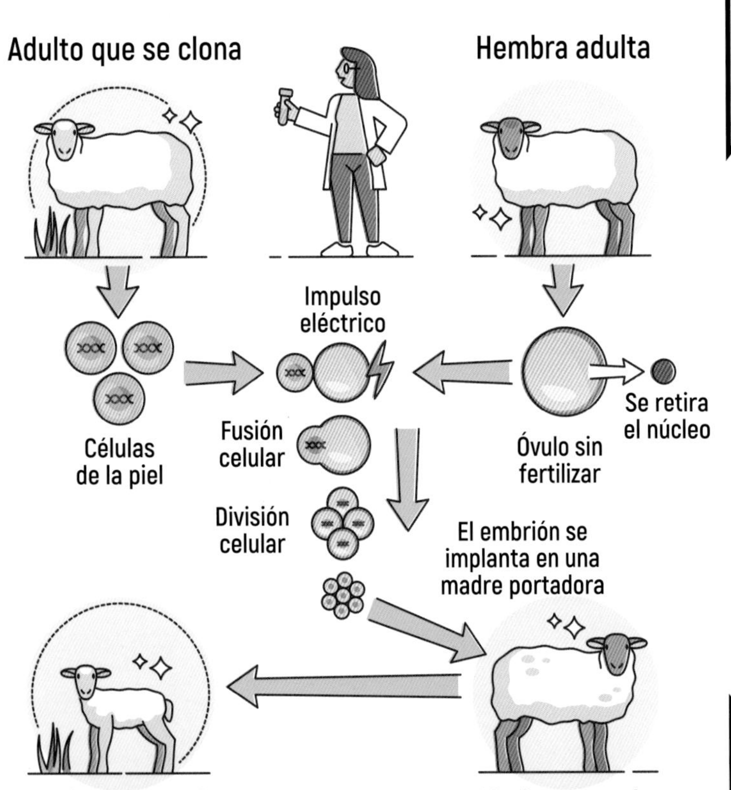

UNA OVEJA *INFLUENCER*

La oveja Dolly se convirtió en una celebridad y ocupó las portadas de los periódicos y de los telediarios. Quizá ella no lo supiese, pero se convirtió en la oveja **MÁS FAMOSA DE LA HISTORIA**. Dolly había nacido en Edimburgo (Reino Unido) y era el resultado de transferir el material genético de una célula donante adulta a un óvulo no fecundado y sin núcleo, que después se implantó a otra oveja. De esta manera, Dolly era **EXACTAMENTE IGUAL** a su mamá. ¿Quería decir eso que pronto podríamos hacer copias de cualquier ser humano? Y eso, ¿sería una oportunidad o una **AMENAZA**?

IGUAL CUERPO, DIFERENTE VIDA

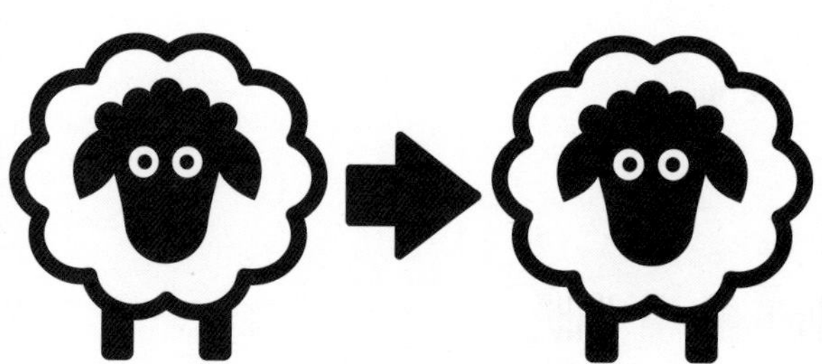

En realidad, todo había sido bastante complicado. Se partió de 277 **EMBRIONES** (la célula fecundada más pequeña de un ser vivo), de los que solo uno pudo desarrollarse hasta el final. Dolly surgió de la **UBRE DE OTRA OVEJA**, su ADN era idéntico al de esa oveja, y no al de la madre portadora. Sin embargo, su vida y su desarrollo físico no tenían por qué ser idénticos, claro. ¡La vida puede dar muchas vueltas, también la de una oveja!

UNA... ¿OVIEJOVEN?

Con el tiempo se fue observando que Dolly **ENVEJECÍA BASTANTE RÁPIDO**. Un estudio estableció que, aunque por fuera parecía joven, por dentro tenía **SEIS AÑOS MÁS DE LO NORMAL**. Justo los seis años que tenía su madre cuando tomaron de ella una de sus células. Era como si hubiese **HEREDADO** su edad. Las ovejas de su raza suelen vivir 12 años... Pero Dolly falleció a los seis, con enfermedades de oveja anciana. Eso sí, antes le dio tiempo a dar a luz cinco ovejitas en dos partos distintos.

SEAMOS RESPONSABLES

Dolly nació de un experimento que significó un **GRAN AVANCE CIENTÍFICO**. La información obtenida gracias a esta oveja podrá contribuir a la lucha para **COMBATIR ALGUNAS ENFERMEDADES**, como el cáncer, y mejorará la elaboración de fármacos, además de facilitar la cría selectiva en la ganadería. En el año 2018 se clonaron monos, que se parecen más a los seres humanos que las ovejas. ¿Quiere eso decir que estamos más cerca de poder clonar a una persona? La ciencia tiene que utilizar la clonación para **MEJORAR NUESTRA SALUD** y calidad de vida. Hacer copias exactas de una persona no tiene sentido y **ESTÁ PROHIBIDO**. Cuanto más sepamos sobre clonación, mayores serán las oportunidades... ¡y mayor la responsabilidad!

La energía de la REVOLUCIÓN VERDE

La Revolución Industrial permitió generar más avances materiales que nunca en la historia. Pero también dejó una profunda huella en el planeta. Para conseguir energía, se utilizaron combustibles que dañaron de manera irremediable el medio ambiente. Para contrarrestar este impacto, a finales del siglo xx aparece un interés público por conseguir energía de manera «limpia». Es la «Revolución Verde».

Las bombillas LED reducen el consumo de electricidad para iluminar.

Reciclar materias primas es responsabilidad de todos.

CÓMO EMPEZÓ

El **ECOLOGISMO** nace a finales de siglo xx, cuando se empiezan a denunciar los daños que nuestro comportamiento está causando sobre el planeta. Este movimiento quiere que seamos conscientes de que los recursos del planeta son limitados. Tiene tres pilares fundamentales: la **CONSERVACIÓN DE LA NATURALEZA**, la **REGENERACIÓN DE LOS RECURSOS NATURALES** y la **REDUCCIÓN DE LA CONTAMINACIÓN**. Sin atender a esos puntos, la presencia de la vida humana en la Tierra está **AMENAZADA**, como demuestran los estudios asociados al cambio climático.

PARA EL DÍA A DÍA

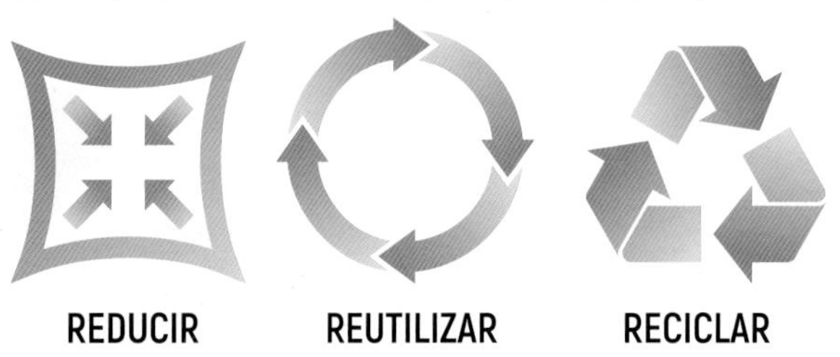

La Revolución Verde no solo busca producir energía de manera más eficiente, sino también que necesitemos menos o que no la desperdiciemos. Para ello, es fundamental seguir la regla de las «tres R»: **REDUCIR** el consumo a solo lo necesario, **REUTILIZAR** lo que ha cumplido su primera misión y **RECICLAR** un producto, es decir, volverlo a convertir en materia prima. ¡Piensa en cómo aplicas esta regla en tu día a día!

¿ESTAMOS A TIEMPO?

El **CAMBIO CLIMÁTICO** que está sufriendo la Tierra lo causa el propio ser humano. El modo en que hemos obtenido energía durante los últimos dos siglos ha provocado un **CALENTAMIENTO DE LA ATMÓSFERA**. Más calor, más lluvias torrenciales, más sequías, más incendios... La subida del nivel del mar (porque se derrite el agua dulce de los polos) causará **UN GRAN IMPACTO** a toda la humanidad. Y aunque muchos daños son irreversibles ya, la Revolución Verde trata de suavizarlos. ¡Aún está en nuestras manos conseguir que la naturaleza sufra lo menos posible!

El vehículo eléctrico permitirá que haya menos humos y menos ruido.

La energía solar es limpia y fácil de obtener.

NUEVAS ENERGÍAS

La obtención de energía ha dependido durante decenios, casi en exclusiva, del petróleo y del carbón, cuya «huella de carbono» (el dióxido de carbono que emiten) es muy alta. La Revolución Verde pretende que la energía llegue por medio de **FUENTES RENOVABLES Y LIMPIAS**, como la **ENERGÍA SOLAR**, la **EÓLICA** o la **MAREMOTRIZ**. Es decir, de fuentes cuya obtención no suponga dañar la Tierra (o hacerlo de manera mucho más leve), sino aprovechar las fuerzas que de manera natural genera el planeta. La ciencia sigue buscando nuevas respuestas a este problema. ¡Únete!

El movimiento FEMINISTA

¡HAY QUE CONTAR CON NOSOTRAS!

Durante casi toda la historia de la humanidad, y en casi todas las sociedades, el hombre ha gozado de mayores derechos y privilegios que la mujer. Ahora somos conscientes de los perjuicios que eso supuso a tantas y tantas generaciones, y somos capaces de identificar cuándo se discrimina por sexo. Es un largo proceso que empezó poco a poco, pero que se consolidó en la segunda parte del siglo xx.

AL PRINCIPIO

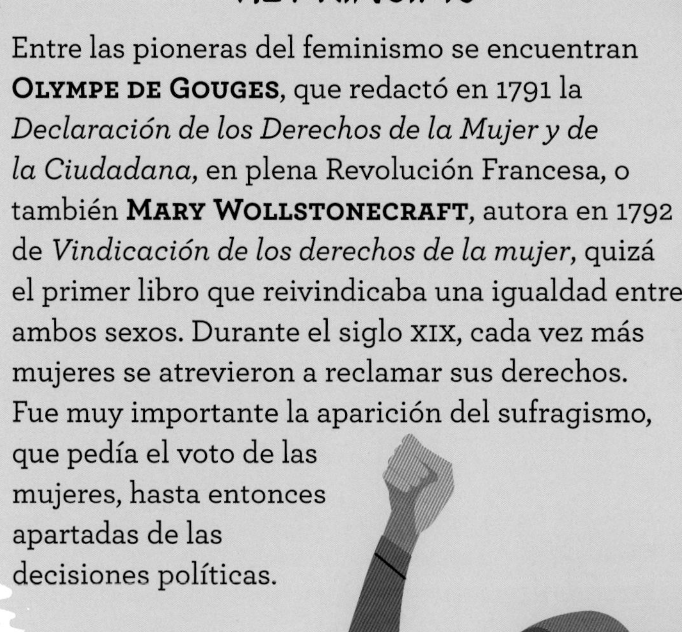

Entre las pioneras del feminismo se encuentran **Olympe de Gouges**, que redactó en 1791 la *Declaración de los Derechos de la Mujer y de la Ciudadana,* en plena Revolución Francesa, o también **Mary Wollstonecraft**, autora en 1792 de *Vindicación de los derechos de la mujer*, quizá el primer libro que reivindicaba una igualdad entre ambos sexos. Durante el siglo XIX, cada vez más mujeres se atrevieron a reclamar sus derechos. Fue muy importante la aparición del sufragismo, que pedía el voto de las mujeres, hasta entonces apartadas de las decisiones políticas.

LO QUE SE HA CONSEGUIDO

Con el paso del tiempo, el movimiento feminista ha logrado grandes avances. En la mayoría de los países, la mujer puede votar y **OCUPAR CARGOS DE RELEVANCIA**, tanto públicos como en empresas privadas. En muchos estados, ha conseguido nuevos derechos y un mayor acceso a la educación y al **MERCADO LABORAL**. Esto lo vemos ahora como normal, pero como sabemos, no siempre fue así.

PERO QUEDA MUCHO...

Por desgracia, **NO TODOS LOS PAÍSES** avanzan en el mismo sentido. Lo que en el mundo occidental se va logrando, no sucede en el mismo grado en otros lugares del planeta. Hay países que siguen sin dejar votar a las mujeres o apenas se les permite salir de casa, y mucho menos **CONDUCIR UN COCHE**. Ya sea por tradiciones sociales o religiosas, ciertos países están muy lejos de cumplir un mínimo de respeto.

MÁS RETOS

A partir de 1970, el feminismo se agrupó en asociaciones cada vez más activas y representadas. Ellas nos recuerdan que el 70 % de los 1 300 millones de **POBRES ABSOLUTOS** del mundo son mujeres, o que dos terceras partes de los millones de **ANALFABETOS** son mujeres, o que ellas siguen cobrando menos que los hombres. Mucho se ha conseguido, y además se ha abierto una vía para lo mucho que queda por conseguir.

Ir más allá: las SONDAS espaciales

Hemos visto muchos avances aquí en la Tierra. Pero, ¿y más allá de nuestras fronteras? También los ha habido. El ser humano ha mandado sondas espaciales a todos los planetas de nuestro Sistema Solar. Incluso ya hay algún artefacto que prácticamente ha salido del mismo. La próxima frontera son los vuelos tripulados a otros planetas.

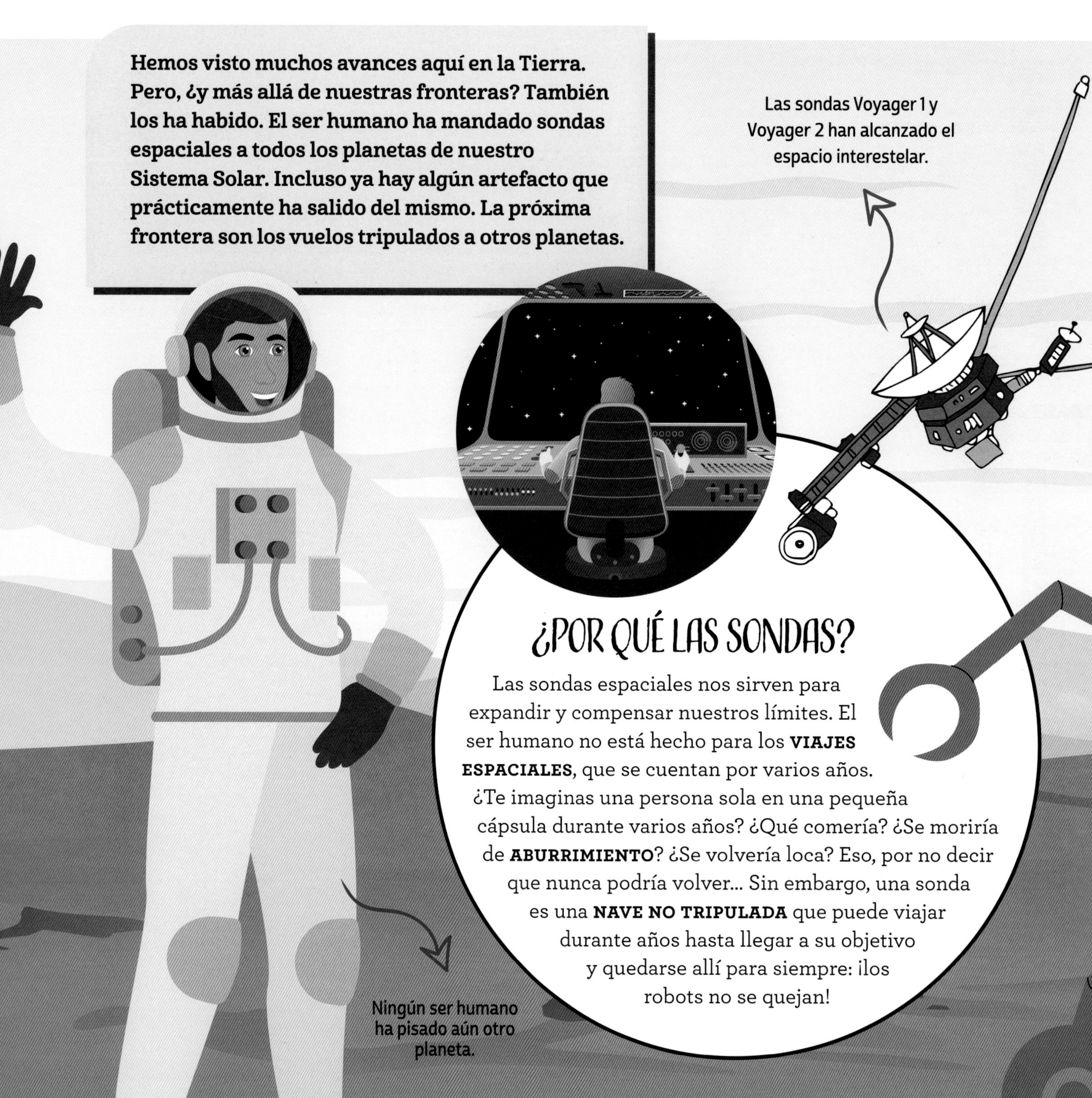

Las sondas Voyager 1 y Voyager 2 han alcanzado el espacio interestelar.

¿POR QUÉ LAS SONDAS?

Las sondas espaciales nos sirven para expandir y compensar nuestros límites. El ser humano no está hecho para los **VIAJES ESPACIALES**, que se cuentan por varios años. ¿Te imaginas una persona sola en una pequeña cápsula durante varios años? ¿Qué comería? ¿Se moriría de **ABURRIMIENTO**? ¿Se volvería loca? Eso, por no decir que nunca podría volver... Sin embargo, una sonda es una **NAVE NO TRIPULADA** que puede viajar durante años hasta llegar a su objetivo y quedarse allí para siempre: ¡los robots no se quejan!

Ningún ser humano ha pisado aún otro planeta.

DE PLANETA A PLANETA

La primera sonda espacial fue la soviética *Luna 2*, que llegó a la **LUNA** en 1959. En esa época, la Unión Soviética y Estados Unidos estaban en plena **COMPETICIÓN** por dominar el espacio, así que varias sondas llegaron (o chocaron) contra la Luna antes de la llegada del ser humano, en 1969. La primera **SONDA INTERPLANETARIA** fue la *Mariner 2* (Estados Unidos), ya que sobrevoló Venus en 1962. La soviética *Venera 3* fue el primer artefacto humano en llegar a otro planeta, al estrellarse sobre Venus en 1966. La *Venera 7* consiguió aterrizar con éxito en 1970.

MÁS ALLÁ DE NUESTRAS FRONTERAS

Algunas sondas, tras llegar a las cercanías de los **PLANETAS** a las que fueron enviadas, han seguido viajando. Es el caso de la *Voyager 1* y la *Voyager 2*. Estos satélites de la NASA (Estados Unidos) han alcanzado ya la frontera del **SISTEMA SOLAR**, y lo que es mejor, ¡siguen comunicándose con la Tierra! Salieron de nuestro planeta en 1977 y siguen alejándose. Otra sonda, la *Pioneer 10*, es excepcional porque contiene **UNA PLACA** con un mensaje simbólico que informa a una posible civilización extraterrestre que la encontrase sobre el ser humano y su lugar de procedencia. ¡Una tarjeta de visita espacial!

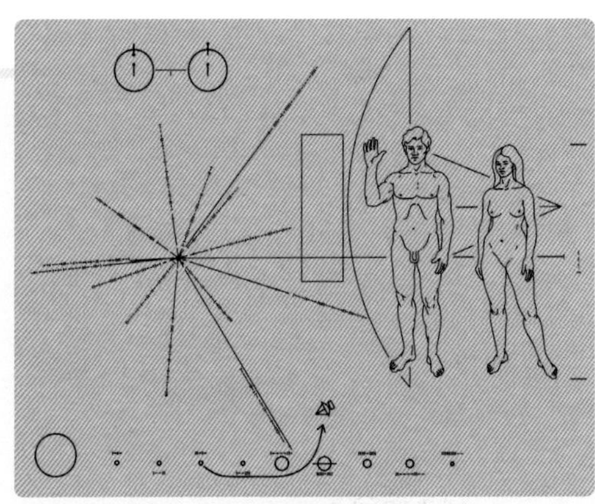

EXPLORADORES

El planeta que más sondas espaciales ha recibido es **MARTE**, puesto que es el más parecido a la Tierra y donde se cree que podemos encontrar algún indicio de **VIDA EXTRATERRESTRE**. Varias son las misiones que han llegado al planeta rojo y de diversas agencias: NASA, ESA, CNSA y otras, además de países como India, EAU, Rusia y otros. Las naves espaciales llevaban vehículos que aterrizaron en la superficie marciana, los llamados *rovers*. Estos artefactos son capaces de analizar rocas y han encontrado hielo y rastros de agua líquida. ¡Todo un descubrimiento!

La llegada de INTERNET y las redes

La llegada de internet cambió el mundo a finales del siglo XX. Nadie podía imaginarse que este medio de comunicación, con sus infinitas posibilidades, tendría tantas aplicaciones en nuestro día a día. Tanto la educación como el trabajo, y por supuesto el ocio y el entretenimiento, ya no se entienden sin el uso de esta red de redes mundial. ¿Para qué la utilizas tú?

¡VIVA EL TELETRABAJO!

AHORRO TIEMPO Y ENERGÍA.

Gracias a internet se puede trabajar desde casa sin problemas.

ASÍ EMPEZÓ TODO

En un principio, a mediados de la década de 1960, internet era una red creada en el ámbito militar, y luego también científico. Pero pasaron más de dos décadas hasta que un grupo de físicos, encabezado por **TIM BERNERS-LEE**, creó el lenguaje HTML. En ese lenguaje se basa la **WORLD WIDE WEB**, el servicio más popular de internet. Es importante que sepas que internet es una red que dispone de múltiples servicios, como el **CORREO ELECTRÓNICO**, la transferencia de archivos, la mensajería instantánea, **LOS JUEGOS EN LÍNEA**, la transmisión de audio y vídeo en directo...

UNIVERSAL Y SIN DUEÑO

Una de las principales características de internet es que nadie es dueño del sistema. Está **DESCENTRALIZADO**, es decir, que su control e información reside en infinidad de grandes y pequeñas empresas, que tienen servidores (ordenadores conectados en línea a internet) por todo el mundo. Esto permite que millones de personas puedan **LEER INFORMACIONES Y OPINIONES** aunque otras quieran evitarlo. Cualquiera puede comunicar su opinión. Eso sí, debemos ser cuidadosos y aumentar nuestro **SENTIDO CRÍTICO**: solo así conseguiremos estar más informados sin que nos confundan o engañen.

INFINITOS USOS

En la actualidad, más de 5 000 millones de personas utilizan internet, es decir, dos de cada tres. En los últimos años, y gracias a la **TELEFONÍA MÓVIL**, el acceso a internet se ha hecho más **SENCILLO Y BARATO**. Gracias a internet podemos, entre otras cosas, comprar casi cualquier artículo **SIN MOVERNOS DE CASA**, desde unos lápices a algo de comer. ¡Cualquier cosa! Podemos ver películas nuevas o muy antiguas y casi inaccesibles, podemos ver la tele, escuchar la radio, leer libros, traspasar dinero... En fin, ¡no acabaríamos nunca!

REDES SOCIALES

Una de las aplicaciones con más éxito en internet es la de las redes sociales, que **PONEN EN CONTACTO** a personas con similares intereses estén donde estén. O, simplemente, dan a cualquiera la posibilidad de **EXPRESAR SU OPINIÓN**, y que otros la comenten. Pero, ¡ojo! Mal empleadas pueden hacer mucho daño. Sé siempre **HONESTO Y RESPETUOSO** cuando accedas a una red social.

Las redes sociales posibilitan entablar amistad con personas de todo el mundo.

YO SÍ QUE VIVO TRANQUILO...

Internet resulta de gran ayuda para los estudiantes.

La PANDEMIA del coronavirus

A finales de 2019, un pequeño temblor empezó a agitar el mundo. Pero parecía solo eso: un pequeño temblor. Pero nos equivocábamos. En anteriores ocasiones, los avisos de pandemia se habían controlado, pero en esta ocasión, un nuevo coronavirus consiguió atravesar todo el planeta y hacer enfermar y morir a millones de personas. Nuestra vida cambió, aunque los avances de la ciencia nos permitieron volver a una cierta normalidad.

EL INICIO

En 2019, las autoridades sanitarias chinas avisaron de la aparición de un virus que se **EXTENDÍA RÁPIDAMENTE** entre la población. Este virus causaba, sobre todo, problemas respiratorios a un alto porcentaje de los infectados y algunos de ellos, sobre todo los más mayores, fallecían. Aún no se sabe muy bien el origen del coronavirus, aunque parece que pasó de los **ANIMALES A LOS HUMANOS**. La epidemia se convirtió rápidamente en pandemia (una epidemia que se propaga por varios continentes).

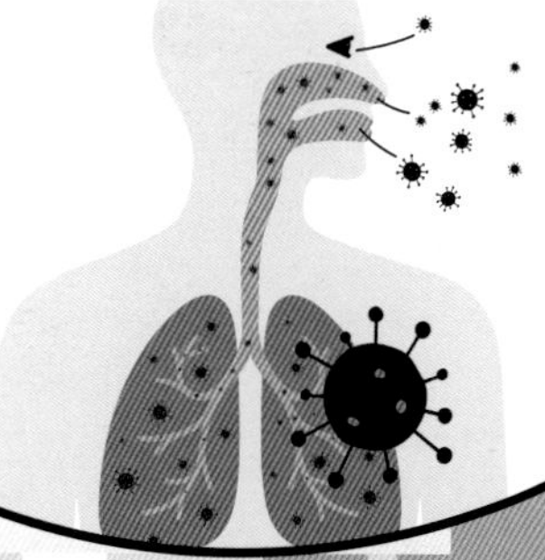

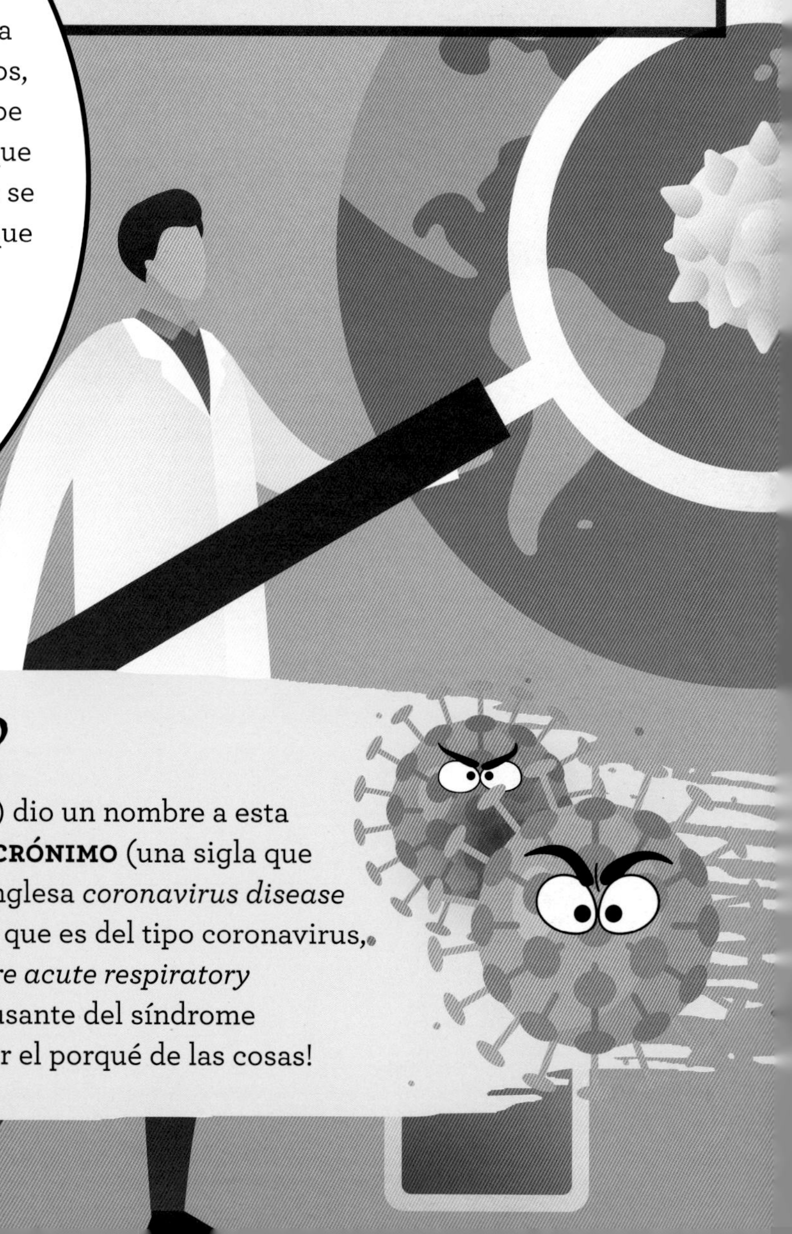

¿SABÍAS QUE...?

La **Organización Mundial de la Salud** (OMS) dio un nombre a esta nueva enfermedad infecciosa: COVID-19. Es un **ACRÓNIMO** (una sigla que se pronuncia como una palabra) de la expresión inglesa *coronavirus disease 2019* (enfermedad por coronavirus 2019). El virus, que es del tipo coronavirus, se denominó SARS-CoV-2, y viene del inglés *severe acute respiratory syndrome coronavirus 2* (coronavirus de tipo 2 causante del síndrome respiratorio agudo severo). ¡Es importante conocer el porqué de las cosas!

GRAVES CONSECUENCIAS

El virus se **EXPANDIÓ** velozmente por todo el planeta. Nuestro mundo está muy interconectado, y cuando se quisieron tomar medidas, ya era tarde. Los gobiernos de todo el mundo implantaron **CONFINAMIENTOS**. Durante algunos meses, las personas solo pudieron salir de sus casas para ir a comprar y para cubrir necesidades básicas. Los **COLEGIOS CERRARON** y se trabajaba y estudiaba desde casa, si se podía. El objetivo era minimizar los contagios, ya que los hospitales estaban desbordados con tantos enfermos. El **PERSONAL SANITARIO** fue el colectivo más exigido de esta pandemia.

LAS VACUNAS

Poco a poco, se fueron conociendo más cosas sobre la COVID-19. Y pronto la ciencia empezó a probar una serie de vacunas que protegiesen a la **MAYORÍA DE LAS PERSONAS** de los efectos más graves de la enfermedad. En menos de un año se generó la primera, **UN TIEMPO RÉCORD**. La cantidad de personas y recursos invertidos en esta investigación demostró la importancia de apostar por la ciencia. ¡La ciencia es siempre una **INVERSIÓN EN SALUD Y CALIDAD DE VIDA**!

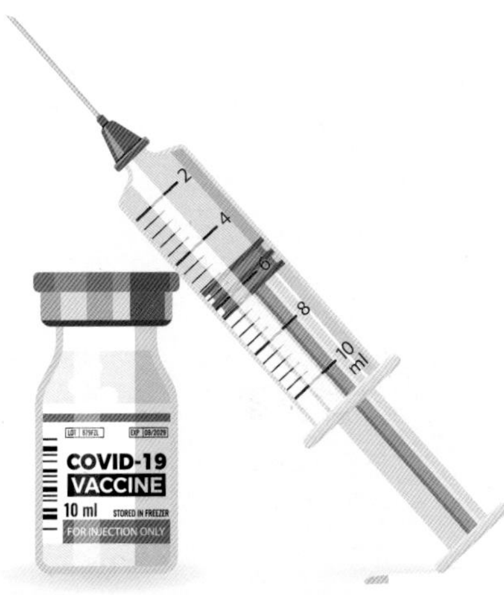

MUCHOS CAMBIOS

La pandemia cambió muchas cosas. Se potenció la **HIGIENE**, el uso de la **MASCARILLA** se hizo común en los espacios compartidos y la distancia social recortó besos y abrazos entre personas. En el ámbito laboral, se apostó por el teletrabajo como recurso obligado, pero muchas empresas descubrieron que también se podía trabajar desde casa. La economía se resintió, dejando patente que invertir en ciencia da resultados. Y, por supuesto, nos dimos cuenta de lo mucho que nos gusta **TENER CERCA** a nuestros seres queridos.

Lo último sobre el UNIVERSO

¿Qué te parece acabar por el principio? Porque nada más decisivo para la vida que el nacimiento del universo, ese (¿infinito?) lugar donde habitamos, como ocupa un grano de arena la mayor de las playas. A la ciencia le va a resultar difícil establecer cómo y cuándo surgió, exactamente, el universo. Pero se están dando los pasos adecuados para que un día, al fin, lo sepamos.

LOS PRIMEROS MOMENTOS

No había nadie para contarlo ni para sacar una foto o para grabar un vídeo. Pero se cree (con base en investigaciones) que lo que había antes de nacer el universo era un punto muy, **MUY PEQUEÑO** donde se concentraba toda la energía y materia y una densidad que no podemos imaginar. Un punto que explotó con una **FUERZA INCREÍBLE** y se expandió de igual manera. ¡Todo a lo grande!

EL GRAN HAWKING

Uno de los científicos que más hizo por que comprendamos el origen del universo es el inglés **STEPHEN HAWKING**. Como divulgador, escribió libros imprescindibles para conocer las mejores teorías sobre nuestro origen, como *Brevísima historia del tiempo*. Por ello se le conoce como **EL HISTORIADOR DEL UNIVERSO**. Hawking sufrió una grave enfermedad que no le permitía moverse ni hablar, pero sin embargo fue una de las mentes más brillantes de nuestro tiempo.

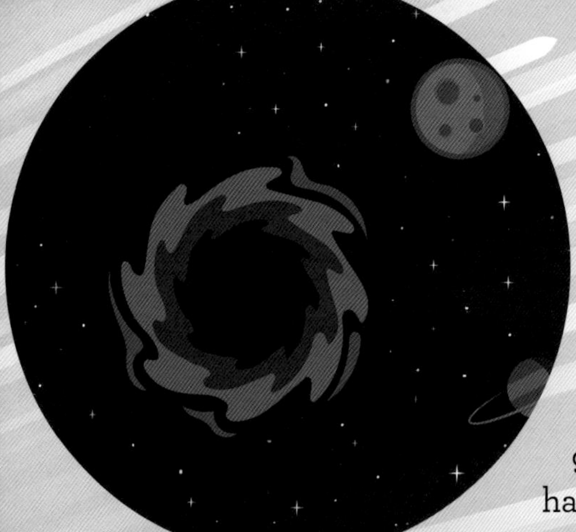

LA FUERZA DE LAS FUERZAS

Hasta que no pasaron tres minutos tras la explosión, no existían ni los átomos. Después de estos tres primeros minutos, dio comienzo lo que se llama la «Era nuclear». Poco después surgieron las cuatro **FUERZAS FUNDAMENTALES** del universo, que te vamos a indicar para que te las vayas aprendiendo: la gravedad, el electromagnetismo, la fuerza nuclear débil y la fuerza nuclear fuerte. ¡Esto ya es **FÍSICA AVANZADA**! Pero tranquilo, que seguro que, al menos, conoces la gravedad: la fuerza por la que un planeta (u otro cuerpo) atrae objetos hacia su centro. Gracias a ella, no salimos disparados hacia el espacio...

UN TELESCOPIO PARA MIRAR ATRÁS EN EL TIEMPO

En los próximos años obtendremos nuevas pistas sobre el nacimiento del universo. Esto, en buena medida, será gracias a un nuevo telescopio que mirará a las **PROFUNDIDADES DEL COSMOS**. Cuanto más lejos llega a ver un telescopio, «más lejos» ve en el tiempo, ya que lo que ve es la luz de lo que sucedió hace millones y millones de años, ¡no lo que hay ahora! Este telescopio se llama **JAMES WEBB**, entró en funcionamiento en 2022 y lo construyeron entre Estados Unidos, Canadá y la Agencia Espacial Europea.

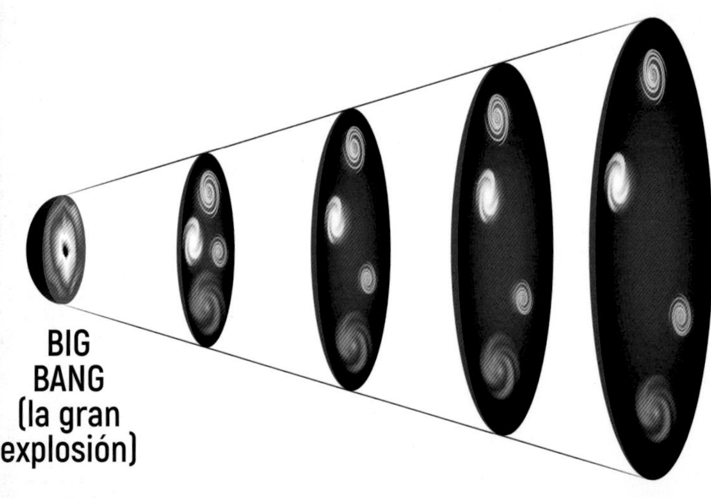

LO QUE ESTÁ POR VENIR

Hasta ahora, hemos aprendido mucho del espacio gracias al famoso telescopio Hubble, que orbitaba a unos 500 km de la Tierra. Pero el James Webb está a más de un millón y medio de kilómetros, desde donde puede investigar el espacio **AÚN MEJOR Y MÁS LEJOS**. Eso sí, si sufre alguna avería... ¡Va a ser casi imposible que pueda arreglarse! Con este increíble telescopio sabremos más, no solo sobre los primeros momentos del universo tras el Big Bang, sino sobre la **FORMACIÓN DE LAS GALAXIAS**, de las estrellas y de los sistemas extrasolares, sobre los planetas en sí y sobre cómo surge la vida... ¡Todo un «universo» de posibilidades!

ÍNDICE